创新型民航服务类专业精品教材

航空运输地理

主审　谢龙魁
主编　陈君璐　王明琪　刘旭颖

航空工业出版社

北京

内 容 提 要

为响应航空运输业对"高素质、复合型、应用型"人才的培养需求，编者凝聚航空运输领域多位专家的实践经验，整合多地机场与航线的实地考察成果，以"理论筑基、实践导向、学科融合"为原则，精准对接航空运输地理岗位核心技能标准与职业发展需求，精心策划编写《航空运输地理》一书。本书主要介绍与航空运输地理相关的知识，全书共分 5 个项目，具体包括航空运输地理概论、航空运输布局的构成要素、中国航空运输布局、国际航空运输协会与国际主要航线、世界航空运输区划。

本书内容系统、结构合理、体例新颖、图文表并茂，可作为各类院校民航服务类专业的教材。

图书在版编目（CIP）数据

航空运输地理 / 陈君璐，王明琪，刘旭颖主编.
北京 : 航空工业出版社, 2025. 1. -- ISBN 978-7-5165-3979-8

Ⅰ. F56

中国国家版本馆 CIP 数据核字第 2024NR6328 号

航空运输地理
Hangkong Yunshu Dili

航空工业出版社出版发行
（北京市朝阳区京顺路 5 号曙光大厦 C 座四层　100028）

发行部电话：010-85672666　010-85672683	读者服务热线：010-85672635
北京同文印刷有限责任公司印刷	全国各地新华书店经售
2025 年 1 月第 1 版	2025 年 1 月第 1 次印刷
开本：787×1092　1/16	字数：248 千字
印张：10.75	定价：45.00 元

前 言

随着我国经济社会的高速发展与居民消费结构的持续升级，航空运输已从"高端出行方式"逐步融入大众化交通体系，年旅客运输量显著增长，民航业迎来跨越式发展。在建设"航空运输强国"国家战略引领下，我国正全面推进新一代航空运输系统的规划与建设，多维变革对专业人才的知识体系与实践能力提出了更高要求。

为响应航空运输业对"高素质、复合型、应用型"人才的培养需求，编者凝聚航空运输领域多位专家的实践经验，整合多地机场与航线的实地考察成果，以"理论筑基、实践导向、学科融合"为原则，精心编写了《航空运输地理》一书。

本书主要具有以下特色：

❶ 立德树人，德技并修

党的二十大报告指出："育人的根本在于立德。"本书积极贯彻党的二十大精神，坚定践行"立德树人，德技并修"的育人理念。例如，在每个项目前设置"素质目标"，从职业素养、社会责任等方面为学生锚定方向；在正文穿插"翼展风采"模块，通过国家战略解读（如国家航空枢纽建设、国内国际航线网络拓展等）、技术创新展示（如国产大飞机 C919 执飞新航线等）、行业榜样引领（如空管人员对恶劣天气的应急处置等），将行业动态、技术前沿、职业精神等有机融合，引导学生树立"家国情怀与专业能力兼具、职业素养与创新精神并重"的高素质民航人才价值观。

❷ 校企合作，职业引领

本书凝聚多方智慧与资源，由民航院校资深专业教师团队与行业一线技术骨干联合编写，并在编写过程中获得多家行业领军企业的大力支持。编者以民航业人才需求为导向，精准对接航空运输地理岗位核心技能标准，将航线网络规划、航空运输布局等实际场景深度融入教材内容，确保知识体系与行业发展动态同频共振。

航空运输地理

❸ 体例新颖，学用并重

本书践行"以学生为中心"的教育理念，深度融合"教、学、做"一体化教学模式，通过创新编排体系实现知识传授、能力培养与素养提升的有机统一。全书构建"项目—任务"双阶递进式架构。每个项目设置项目导读、学习目标、项目学习效果综合测试、项目学习成果评价；每个任务细化学习目标，设置任务导入、知识讲解、任务实施、任务评价，同时在知识讲解部分穿插设置多种模块。

- ❖ **项目导读**：通过简洁的语言引入项目核心主题与关键内容，帮助学生快速建立对项目学习内容的整体认知。
- ❖ **学习目标**：分设"知识目标""能力目标""素质目标"，帮助学生明确学习重点，同时为学生自主学习指明方向。
- ❖ **任务导入**：通过典型案例、新闻资讯等引出问题，以问题为驱动，激发学生的学习兴趣。
- ❖ **知识讲解**：遵循"实用为主、够用为度"的原则，语言精练，重点突出。文中穿插大量图、表，利用图、表的直观性和概括性帮助学生更好地理解和记忆知识；设置"民航小贴士""民航互动营""民航智慧园"等模块，帮助学生拓展知识宽度。
- ❖ **任务实施**：设置形式丰富的实践活动，如案例讨论、知识竞答、实践调查等，引导学生利用所学理论知识完成实践活动，加强学生对理论知识的理解和运用。
- ❖ **任务评价**：针对相关任务给出考核内容，便于学生量化学习效果，找出自身不足。
- ❖ **项目学习效果综合测试**：设置填空题、单项选择题和简答题，考查学生对相关知识的掌握程度，帮助学生查缺补漏。
- ❖ **项目学习成果评价**：以教师评价为主、学生自评和互评为辅，从知识、能力和素养三方面评价学生的项目学习情况，帮助学生更好地认识自己、完善自己。

❹ 平台辅助，资源丰富

本书配有丰富的数字资源，读者可以借助手机或其他移动设备扫描二维码观看微课视频，也可以登录文旌综合教育平台"文旌课堂"查看和下载本书配套资源，如教学课件、课后习题答案等。读者在学习过程中有任何疑问，都可以登录该平台寻求帮助。此外，本书还提供了在线题库，支持"教学作业，一键发布"，教师只需通过微信或"文旌课堂"App扫描扉页二维码，即可迅速选题、一键发布、智能批改，并查看学生的作业分析报告，提高教学效率、提升教学体验。学生可在线完成作业，巩固所学知识，提高学习效率。

前　言

本书由谢龙魁担任主审，陈君璐、王明琪、刘旭颖担任主编，刘佳丽、孟范影、程远曲、张阳、潘妍妍、张君担任副主编。由于编者水平有限，书中如有疏漏和不妥之处，诚请广大读者批评指正。

特别说明：

（1）本书在编写过程中，参考了大量资料并引用了部分文章。这些资料和文章大部分已获授权，但由于部分注明来源的资料来自网络，我们暂时无法联系到原作者。对此，我们深表歉意，并欢迎原作者随时与我们联系，我们将按规定支付稿酬。

（2）本书所选案例均来源于真实事件，但为了避免引起不必要的误会，部分人物使用了化名。

（3）本书没有注明资料来源的案例均为编者根据真实事件改编。

本书配套资源下载网址和联系方式

网址：https://www.wenjingketang.com

电话：400-117-9835

邮箱：book@wenjingketang.com

目 录

✈ **项目一　航空运输地理概论** ·· 1

项目导读 ·· 1
学习目标 ·· 1
任务一　认识与飞行有关的地理常识 ································ 2
　　任务导入 ·· 2
　　　一、地球的纬度和经度 ······································ 2
　　　二、地球的自转和公转 ······································ 4
　　　三、大气层和飞行环境 ······································ 5
　　任务实施 ·· 7
　　任务评价 ·· 7
任务二　熟悉影响飞机飞行的天气现象 ···························· 8
　　任务导入 ·· 8
　　　一、地面大风 ·· 8
　　　二、低空风切变 ·· 10
　　　三、低能见度 ··· 10
　　　四、雷暴 ··· 14
　　　五、湍流 ··· 16
　　　六、高空急流 ··· 18
　　任务实施 ··· 18
　　任务评价 ··· 19

I

任务三 掌握时差与飞行时间计算的原理和方法 ··················· 19
任务导入 ·· 20
一、时差的产生及相关概念 ····································· 20
二、时差与飞行时间计算 ······································· 22
任务实施 ·· 23
任务评价 ·· 24
项目学习效果综合测试 ·· 25
项目学习成果评价 ·· 27

项目二 航空运输布局的构成要素 ··································· 28

项目导读 ·· 28
学习目标 ·· 28
任务一 熟悉航线的基本知识 ······································ 29
任务导入 ·· 29
一、航线的定义 ·· 29
二、航线的分类 ·· 30
三、航线网络的结构 ·· 30
任务实施 ·· 33
任务评价 ·· 34
任务二 熟悉机场（航空港）的基本知识 ····························· 35
任务导入 ·· 35
一、机场的概念和组成 ·· 36
二、机场的等级 ·· 37
三、机场的分类 ·· 38
四、空港城市和机场的三字代码 ································ 39
五、机场的四字代码 ·· 39
任务实施 ·· 40
任务评价 ·· 40
任务三 熟悉航空公司的基本知识 ··································· 41
任务导入 ·· 41
一、航空公司的概念 ·· 42
二、航空公司代码 ·· 42
三、航空公司的运力经济技术指标 ······························ 45
任务实施 ·· 46
任务评价 ·· 46

目　录

任务四　熟悉航空运输布局的影响因素 ……………………………… 47
　　任务导入 …………………………………………………………… 47
　　　　一、地理位置 ………………………………………………… 48
　　　　二、自然条件 ………………………………………………… 48
　　　　三、经济条件 ………………………………………………… 50
　　　　四、政治条件 ………………………………………………… 51
　　　　五、科技条件 ………………………………………………… 51
　　　　六、人口条件 ………………………………………………… 51
　　任务实施 …………………………………………………………… 52
　　任务评价 …………………………………………………………… 52
项目学习效果综合测试 ……………………………………………………… 53
项目学习成果评价 …………………………………………………………… 54

项目三　中国航空运输布局 ……………………………………………… 55

项目导读 ……………………………………………………………………… 55
学习目标 ……………………………………………………………………… 55
任务一　熟悉中国的航线分布 ……………………………………… 56
　　任务导入 …………………………………………………………… 56
　　　　一、我国的国际航线 ………………………………………… 57
　　　　二、我国的国内航线 ………………………………………… 58
　　任务实施 …………………………………………………………… 59
　　任务评价 …………………………………………………………… 59
任务二　熟悉东北地区主要的空港城市、机场和航空公司 ……… 60
　　任务导入 …………………………………………………………… 60
　　　　一、区域概况 ………………………………………………… 61
　　　　二、主要的空港城市 ………………………………………… 62
　　　　三、主要的机场 ……………………………………………… 64
　　　　四、主要的航空公司 ………………………………………… 67
　　任务实施 …………………………………………………………… 68
　　任务评价 …………………………………………………………… 68
任务三　熟悉华北地区主要的空港城市、机场和航空公司 ……… 69
　　任务导入 …………………………………………………………… 69
　　　　一、区域概况 ………………………………………………… 70
　　　　二、主要的空港城市 ………………………………………… 70
　　　　三、主要的机场 ……………………………………………… 71

　　　　四、主要的航空公司 …………………………………………… 72
　　　任务实施 …………………………………………………………… 73
　　　任务评价 …………………………………………………………… 73
　任务四　熟悉华东地区主要的空港城市、机场和航空公司 ………… 74
　　　任务导入 …………………………………………………………… 74
　　　　一、区域概况 …………………………………………………… 75
　　　　二、主要的空港城市 …………………………………………… 75
　　　　三、主要的机场 ………………………………………………… 77
　　　　四、主要的航空公司 …………………………………………… 80
　　　任务实施 …………………………………………………………… 81
　　　任务评价 …………………………………………………………… 81
　任务五　熟悉中南地区主要的空港城市、机场和航空公司 ………… 82
　　　任务导入 …………………………………………………………… 82
　　　　一、区域概况 …………………………………………………… 83
　　　　二、主要的空港城市 …………………………………………… 83
　　　　三、主要的机场 ………………………………………………… 86
　　　　四、主要的航空公司 …………………………………………… 89
　　　任务实施 …………………………………………………………… 90
　　　任务评价 …………………………………………………………… 90
　任务六　熟悉西南地区主要的空港城市、机场和航空公司 ………… 91
　　　任务导入 …………………………………………………………… 91
　　　　一、区域概况 …………………………………………………… 92
　　　　二、主要的空港城市 …………………………………………… 92
　　　　三、主要的机场 ………………………………………………… 95
　　　　四、主要的航空公司 …………………………………………… 97
　　　任务实施 …………………………………………………………… 98
　　　任务评价 …………………………………………………………… 98
　任务七　熟悉西北和新疆地区主要的空港城市、机场和航空公司 … 98
　　　任务导入 …………………………………………………………… 99
　　　　一、区域概况 …………………………………………………… 99
　　　　二、主要的空港城市 …………………………………………… 100
　　　　三、主要的机场 ………………………………………………… 102
　　　　四、主要的航空公司 …………………………………………… 105
　　　任务实施 …………………………………………………………… 105
　　　任务评价 …………………………………………………………… 105

目录

任务八　熟悉港澳台地区的概况和主要的机场、航空公司　106
　任务导入　106
　　一、香港特别行政区　107
　　二、澳门特别行政区　108
　　三、台湾地区　109
　任务实施　110
　任务评价　111
项目学习效果综合测试　111
项目学习成果评价　113

项目四　国际航空运输协会与国际主要航线　114

项目导读　114
学习目标　114
任务一　了解国际航空运输协会　115
　任务导入　115
　　一、国际航空运输协会的成立　116
　　二、国际航空运输协会的使命　116
　　三、国际航空运输协会的组织机构　116
　　四、国际航空运输协会的会员　117
　　五、国际航空运输协会的主要活动　118
　任务实施　119
　任务评价　119
任务二　熟悉国际主要航线　120
　任务导入　120
　　一、西半球航线　120
　　二、东半球航线　121
　　三、北大西洋航线　121
　　四、南大西洋航线　121
　　五、北太平洋航线　121
　　六、南太平洋航线　122
　　七、俄罗斯航线　122
　　八、西伯利亚航线　123
　　九、亚欧航线　123
　　十、极地航线　123

　　　　任务实施 …………………………………………………………… 123
　　　　任务评价 …………………………………………………………… 124
　　项目学习效果综合测试 …………………………………………………… 124
　　项目学习成果评价 ………………………………………………………… 126

项目五　世界航空运输区划 ……………………………………… 127

　　项目导读 …………………………………………………………………… 127
　　学习目标 …………………………………………………………………… 127
　　任务一　熟悉 IATA 一区的概况 ………………………………………… 128
　　　　任务导入 …………………………………………………………… 128
　　　　一、IATA 一区的范围 …………………………………………… 128
　　　　二、IATA 一区的次区 …………………………………………… 129
　　　　三、IATA 一区主要国家的概况 ………………………………… 130
　　　　任务实施 …………………………………………………………… 137
　　　　任务评价 …………………………………………………………… 137
　　任务二　熟悉 IATA 二区的概况 ………………………………………… 137
　　　　任务导入 …………………………………………………………… 138
　　　　一、IATA 二区的范围 …………………………………………… 138
　　　　二、IATA 二区的次区 …………………………………………… 138
　　　　三、IATA 二区主要国家的概况 ………………………………… 139
　　　　任务实施 …………………………………………………………… 146
　　　　任务评价 …………………………………………………………… 147
　　任务三　熟悉 IATA 三区的概况 ………………………………………… 147
　　　　任务导入 …………………………………………………………… 148
　　　　一、IATA 三区的范围 …………………………………………… 148
　　　　二、IATA 三区的次区 …………………………………………… 148
　　　　三、IATA 三区主要国家的概况 ………………………………… 149
　　　　任务实施 …………………………………………………………… 154
　　　　任务评价 …………………………………………………………… 154
　　项目学习效果综合测试 …………………………………………………… 155
　　项目学习成果评价 ………………………………………………………… 156

参考文献 ……………………………………………………………………… 157

航空运输地理概论

项目导读

　　航空运输的活动范围在地表空间，因而地球的运动及其产生的昼夜更替、四季变化和时差等自然现象对飞行有着重要的影响；另外，天气现象也严重影响飞机的飞行，很多飞机事故都与天气现象有关。本项目主要介绍与飞机飞行有关的地理知识，包括地球的纬度和经度、地球的自转和公转、大气层和飞行环境、影响飞机飞行的天气现象、时差与飞行时间的计算方法。

学习目标

➢ 了解与飞机飞行有关的地理常识。
➢ 熟悉影响飞机飞行的天气现象。
➢ 掌握时差与飞机飞行时间的计算方法。

 航空运输地理

 任务一　认识与飞行有关的地理常识

知识目标

- 了解地球的纬度和经度。
- 了解地球的自转及其影响。
- 了解地球的公转及其影响。
- 熟悉大气层和飞行环境的相关知识。

能力目标

- 会读取经纬度,能判断地球仪上某点的地理坐标。
- 能够根据地球自转和公转的相关知识,说出两者对飞行的影响。
- 能够根据大气层的相关知识,分析影响飞机飞行的环境因素。

素质目标

- 培养探索精神,勇于探索未知领域,积极拓展自己的视野。

任务导入

很多鸟类,尤其是迁徙的候鸟,在长途飞行时都能利用地球磁场来保持飞行路线不发生偏离。参照鸟类的这一能力,人们将地球磁场运用于飞行领域。例如,利用地球的纬度和经度对飞机进行定位,引导飞机正确飞行。但是,完全依靠经度和纬度,定位可能不是特别精确,因为地球不断地进行着自转和公转运动,这会使飞机在长距离飞行时发生偏移,因此,飞机在飞行中还要不断调整方向才能到达目的地。

请思考:什么是纬度和经度?如何利用纬度和经度对飞机进行定位?地球是如何自转和公转的?两者会对飞机飞行产生何种影响?

一、地球的纬度和经度

(一) 纬度

在地球仪上,顺着东西方向环绕地球仪一周的圆圈称为纬线。纬线指示东西方向,所有的纬线都相互平行,并与经线垂直。纬线圈大小不等,从赤道向两极逐渐缩小,赤道为最大的纬线圈,到南、北两极缩小为点。

不同的纬线用纬度来区分。纬度是指纬线上任意一点与地心的连线和赤道面所成的线面角。赤道为0°，南、北两极为90°，如图1-1所示。为区分两个半球的纬度，人们将赤道以北的纬度统称北纬（用"N"表示），赤道以南的纬度统称南纬（用"S"表示）。北京的纬度大约是北纬40°（简写为40°N）。

（二）经度

经线是指连接南、北两极，并且与纬线垂直相交的半圆，又称子午线。经线指示南北方向，所有的经线都呈半圆状且长度相等；两条相对的经线形成一个经线圈，任何一个经线圈都能把地球平分为两个半球。

不同的经线用经度来区分。经度是指经过某点的经线平面与起始经线平面的夹角。1884年，国际经度会议决定将通过英国格林尼治天文台的经线作为起始经线，即0°经线，又称本初子午线，如图1-2所示。从0°经线向东、向西各180°，分别称为东经（用"E"表示）和西经（用"W"表示）。北京的经度大约是东经116°（简写为116°E）。

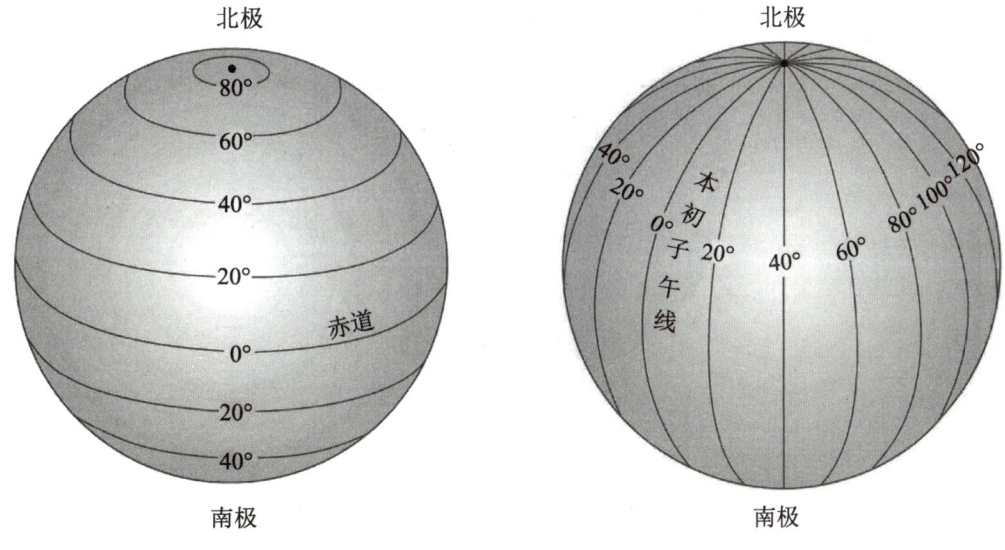

图1-1 纬线示意图　　　　　图1-2 经线示意图

地面上任何地点都有且仅有一条纬线和一条经线通过。根据某一地点的纬度和经度（即地理坐标），可以在地图上找出该地点的确切地理位置；反之，也可以通过地理位置查出该地点的纬度和经度。

在航空运输中，可以用纬度和经度来确定飞机的位置，也可以在机载设备中输入航路点（预定的地理位置）的纬度和经度，完成领航工作。

民航互动营

经纬网似一个定位系统，可以确定地球表面某一点的位置。请同学们讨论：经纬网除了用于飞行领域外，还可用于哪些领域？

二、地球的自转和公转

（一）地球的自转

地球绕一条轴线自转，这条轴线称为地轴。地球绕地轴自西向东地自转，平均角速度为15°/h，自转一周需要24 h，即一天。

地球是一个不透明的球体，因此在同一时间，太阳只能照亮地球表面的一半。被太阳照亮的半球处于白昼，是昼半球；未被太阳照亮的半球处于黑夜，是夜半球。地球不停地自西向东自转，昼夜也就不断交替，这一现象称为昼夜更替现象。昼半球和夜半球的分界线（圈），称为晨昏线（圈），如图1-3所示。

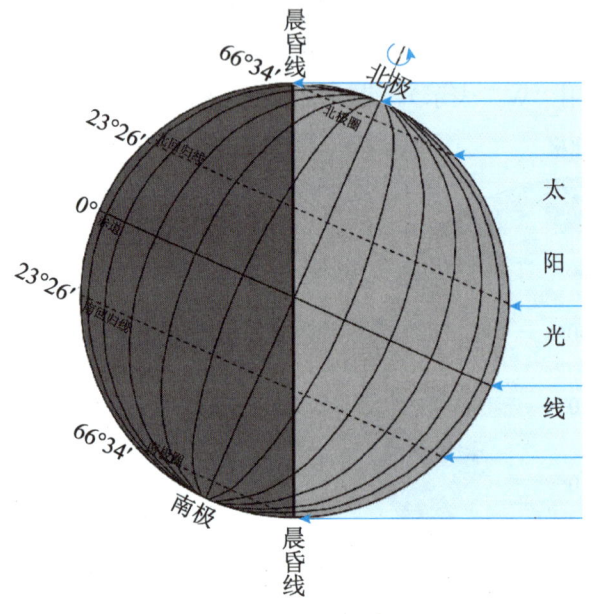

图1-3 昼夜更替现象

地球自转会产生一种偏向力，称为科里奥利力，又称地转偏向力。除赤道外，各地物体均会受到地转偏向力的影响，在水平运动产生方向偏移。北半球水平运动的物体向右偏，南半球水平运动的物体向左偏。地转偏向力同样会影响飞机的飞行方向，尤其是飞机长距离飞行时。在实际飞行过程中，飞机必须克服这一偏向力，才能到达目的地。

（二）地球的公转

地球在自转的同时，还围绕太阳自西向东地公转，公转一周所需的时间为一年。地球公转会使同一纬度地带受太阳照射的情况发生变化，从而导致昼夜长短和正午太阳高度的周年变化，进而引起四季更替，如图1-4所示。昼夜长短的变化是航空公司安排航班的考虑因素之一。在北半球，冬半年的白天比夏半年短，为了充分利用白天，冬半年的航班时刻普遍会比夏半年的航班时刻提前1～2 h。

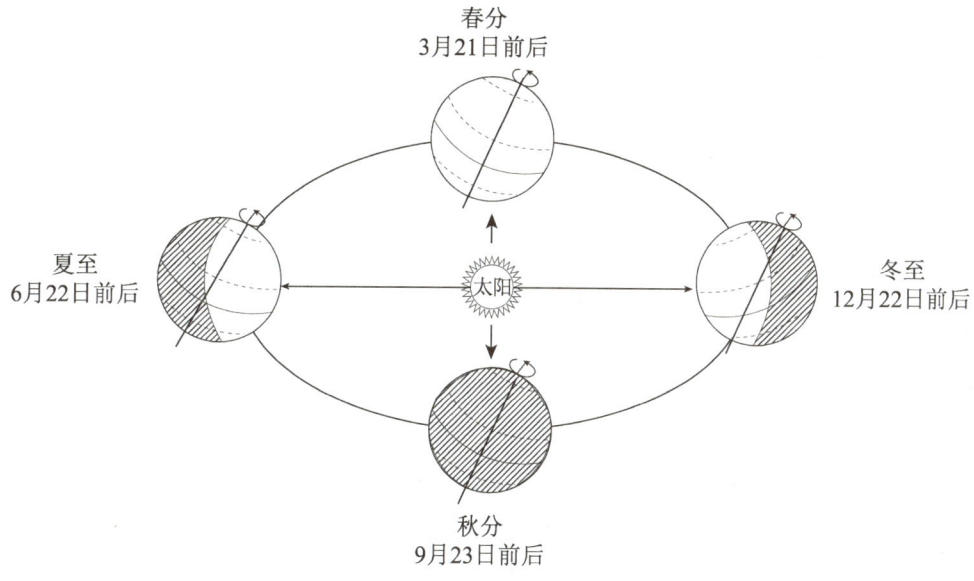

图 1-4　地球公转产生四季更替

三、大气层和飞行环境

（一）大气层

大气层的主要成分包括氮（约占 78.1%）、氧（约占 20.9%）、氩（约占 0.93%），此外还有少量的二氧化碳、氖、氦、氪、氢、臭氧和水汽。大气层的空气密度随高度增加而逐渐减小。

地球大气从地面向上，可延伸到数千千米高空。根据大气温度随高度分布的特征，大气层自下而上可以分为对流层、平流层、中间层、热层和散逸层，如图 1-5 所示。

1. 对流层

地球大气的最下层称为对流层。对流层的下界与地面相接，上界高度随地理纬度和季节变化而变化。低纬度地区对流层的上界高度一般为 17～18 km，中纬度地区为 10～12 km，极地为 8～9 km；夏季高于冬季。对流层是各层大气中最薄的一层，但集中了大

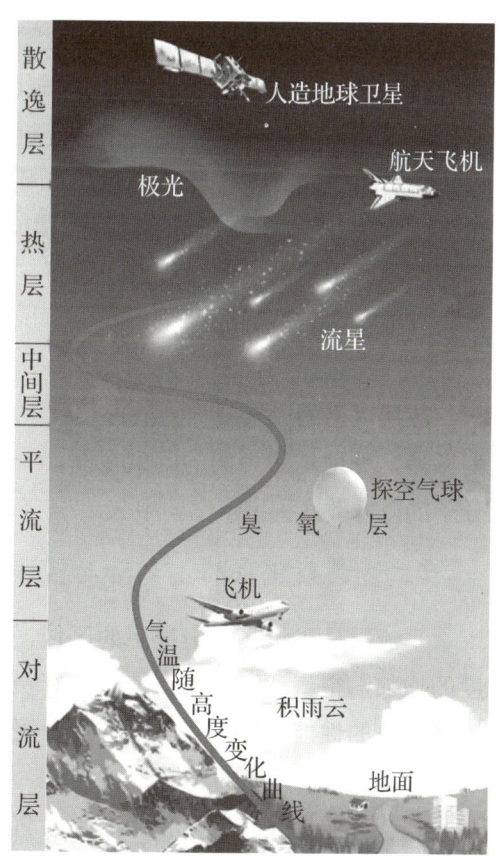

图 1-5　大气的垂直分层（中纬度地区）

气层中约 3/4 的大气质量和几乎整个大气层中的水汽和杂质。

对流层具有以下两个特征：① 对流层大气的直接热量来源于地面，所以对流层的温度是随着高度的增加而降低的，一般高度每上升 100 m，气温下降 0.6℃ 左右；② 对流层的大气上部冷下部热，大气的对流运动十分显著，雷雨、浓雾、风切变等天气现象大都发生在这一层。

2．平流层

自对流层顶至离地面 50～55 km 高度间的大气层称为平流层。平流层的温度随高度增加而增加，因为该层大气的热量主要来自臭氧对太阳紫外线的吸收。平流层上部热下部冷，大气稳定，大多做水平运动，且水汽和杂质含量极少，云、雨现象几乎没有。

民航互动营

李老师乘飞机到外地出差，在机场时还是细雨蒙蒙，起飞不久后却是晴空万里、阳光普照。为什么会出现这种变化呢？

3．中间层

自平流层顶至离地面 85 km 高度间的大气层称为中间层。中间层的温度随高度增加而降低；空气虽极稀薄，但垂直对流强烈。

4．热层

自中间层顶至离地面 250 km（太阳宁静期）或 500 km 左右（太阳活动期）高度间的大气层称为热层。热层的温度随高度增加而增加，层顶温度可达 1 500 K（1 226.85℃）。在强烈紫外线辐射和宇宙射线的作用下，热层中的大气处于高度电离状态，对反射无线电波具有重要意义。

5．散逸层

热层以上的大气层称为散逸层，多指离地面 500 km 以上的大气层。散逸层的大气极为稀薄，受地球引力场的约束很弱，一些高速运动的大气分子可以挣脱地球引力和其他分子的阻力散逸到宇宙空间中去。

（二）民航飞机的主要活动区域

平流层是飞机飞行最理想的区域，但目前平流层尚未被充分利用。一方面，随着高度的增加，空气逐渐稀薄，使得飞行员对飞机操纵的反应相对迟缓，这一缺陷只能通过提高飞机的性能来解决；另一方面，受空域划分和空中交通管制的约束，多数中、短程飞行都被限制在较低的区域。

现代民航运输大部分使用的是喷气式飞机，这类飞机装有座舱环境控制系统，能够适应较高高度的环境，巡航高度通常在 9 000～12 500 m，这一高度处于对流层顶部或平流层底部。一些没有增压能力的小型飞机受自身性能限制，通常在 7 000 m 以下的对流层中飞行。而超声速飞机和一些高速军用飞机，凭借强大的动力系统和特殊的机体设计，飞行高度可达到 13 500～18 000 m，能够在平流层中较高的区域飞行。

任务实施

【任务一】用经纬网定位：

（1）找出下列地理坐标在地球仪上对应的地理位置：（40°N，120°E）（25°S，90°W）（72°N，20°W）（55°S，120°E）。

（2）找出下列城市对应的经纬度：北京、上海、深圳。

【任务二】以小组为单位，利用手电筒和地球仪演示地球的自转和公转运动，并讨论地球运动的意义。

任务评价

请同学们根据表 1-1 对自己上述任务的实施情况进行评分，并请任课教师评分。

表 1-1　任务实施评价表

考核内容		分值	自评分	师评分
知识	认识地球的纬度和经度	20		
	理解地球的自转和公转，以及两者的意义	20		
能力	会读取经纬度，能正确判断地球仪上某点的地理坐标	20		
	能正确演示地球的自转和公转	20		
素质	语言表达清晰、流畅	10		
	与小组成员协作良好，具有良好的团队精神	10		
合计		100		
总分（自评分 × 40% + 师评分 × 60%）				

任务二　熟悉影响飞机飞行的天气现象

知识目标
- 熟悉影响飞机飞行的天气现象。
- 熟悉各类天气现象对飞机飞行的影响。

能力目标
- 能够在实际工作中预见恶劣天气的影响，并做好充分准备。
- 能够在遭遇恶劣天气时沉着应对，保证飞机飞行安全，并对旅客做出准确的安全提示。

素质目标
- 牢固树立安全第一的思想，增强自身责任感、紧迫感和使命感。

任务导入

"女士们、先生们，我们抱歉地通知，您乘坐的××航班由于天气原因暂时不能起飞……"打算去A市与朋友相聚的小李，坐在候机厅里听到这个广播郁闷不已。他下意识地望向窗外，发现外面万里无云，而且其他航班都在正常起飞、降落。

小李感到疑惑，于是打电话问朋友A市的天气情况。得知A市此时也是晴空万里后，小李气冲冲地跑到服务台理论。"这边晴空万里，A市天气也很好，为什么不能起飞？"服务台工作人员耐心答道："对不起，从这里到A市要飞经多个城市，沿线的整体天气情况要综合考量，并非只看出发地与目的地的天气。"

请思考：影响飞机飞行的天气现象有哪些？

一、地面大风

气象上，一般把地面风速大于17.2 m/s的风称为大风。飞机起降时所能承受的最大风速主要取决于机型、风与跑道的夹角等。

地面有大风时，往往会有乱流涡旋形成，从而影响飞机飞行的稳定性，加大飞机的操纵难度。尤其是侧风起降时，飞机起飞和着陆的操纵会变得相当复杂。当侧风很大时，大风会使机身倾斜，导致飞机难以保持平衡，甚至导致翼尖擦地，造成事故，如

项目一 航空运输地理概论

图 1-6 所示。风速达到一定强度,甚至会对停放的飞机造成很大的破坏。此外,在干旱、沙尘、降雪等天气情况下,地面大风可伴有浮尘、风沙、吹雪等,导致近地面的能见度降低,从而影响飞机的起降。

图 1-6 飞机降落遭遇强风致机身倾斜

翼展风采

华北空管局全力保障大风天航班安全运行

受寒潮天气影响,2025 年 2 月,北京地区迎来一场持续多日的大风及低温天气过程。在极端天气的考验下,华北空管局全力保障航班运行安全顺畅。

2 月 5 日至 7 日,北京首都国际机场(以下简称"首都机场")均出现平均风速 10 m/s 的大风,其中 6 日最大平均风速达 14 m/s,最大瞬时风速达到 21 m/s。

面对大风天气,华北空管局气象中心预报室组织骨干预报员进行研判和会商,与首都机场运管委、流量管理室及各航空公司等用户单位密切沟通协调,建立起高效的信息共享机制,实时跟踪大风动态,不断更新并发布最新预警信息。

华北空管局空管中心塔台管制室根据气象部门预报,提前作出响应,在指挥中适当加大飞机间隔,留出安全裕度。同时在通话中加强对机组的通报,特别关注机场区域出现的风切变。大兴空管中心塔台管制员及时将风向、风速等关键信息通报机组,密切关注飞机的飞行姿态,保持安全间隔。

技术保障部门加强场内设备的巡视和远程监控。2 月 7 日上午,值班员通过监控发现位于北京大兴国际机场控制区内的多点相关监视系统中的一个站点出现告警。技术人员接到通知后迅速响应,进场排查。在 -10 ℃ 左右的极寒天气下,经过测试检查排除故障,确保设备性能可靠。

此外,为做好大风及低温天气下特殊航班运输保障工作,华北空管局启动绿色通道,保障 2 架次人体器官运输航班按时起降。

资料来源:刘梦婕,《最大瞬时风速 21 米/秒,华北空管局全力保障大风天航班安全运行》,新京报网,2025 年 2 月 7 日,有改动

二、低空风切变

低空风切变是指在离地面 600 m 高度以下,短距离内风向、风速发生突变的天气现象,常发生在坡度较陡的锋区(两种不同性质的气团相遇后的狭窄过渡区域)、雷暴中的下击暴流(从雷暴中突然发生的猛烈下冲气流)区、雷暴阵风界面,有时发生在晴天日出前近地面有明显逆温而上面有低空急流的区域。飞机在低空风切变界面起降时,风向、风速突变会引起飞机升力变化,从而导致飞行高度迅速改变,常会使飞机失速、自动俯冲,甚至发生事故。

风切变可以分为水平风的水平切变、水平风的垂直切变和垂直风的切变。其中,对飞机影响最大的微下击暴流是种特殊的垂直风切变形式。微下击暴流是指持续时间短、横向范围小(1~4 km)的下击暴流,如图 1-7 所示。

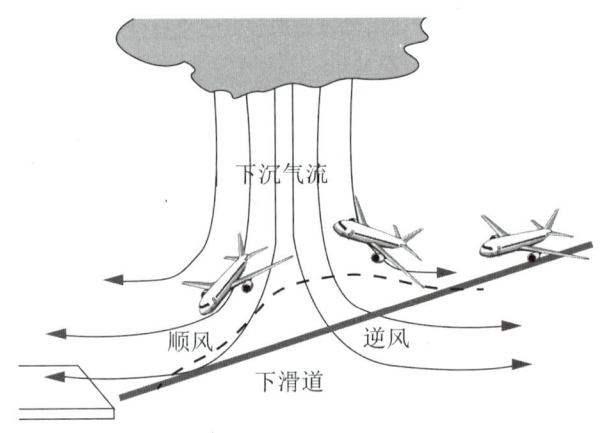

图 1-7　微下击暴流对飞机着陆的影响

微下击暴流对飞机的影响,主要发生在飞机起飞或降落时。微下击暴流就像拧开水龙头让水流向下冲(此时是垂直风切变),接触到地面以后会向四面八方辐散冲开(此时是水平风切变)。当飞机朝着这股气流飞行时,一开始会迎着水平方向的气流前行,接着会受到垂直方向强烈气流的冲击,随后又会顺着水平方向的气流飘动。在这种情况下,飞机很容易偏离原本的方向,变得极不稳定。飞机在穿过下冲气流时,会陡然升高又快速下降,如果本身距离地面很近,很容易坠毁在地面上。以目前飞机的性能来说,对于微下击暴流这种强烈的气流变化,很难完全有效对抗,所以最好的应对手段是躲避。理论上来说,风切变是可以监测的,例如,风廓线雷达可以监测风切变和下击暴流,为机场提供预警服务。

三、低能见度

能见度是指视力正常者能将一定大小的目标物从地平线附近的天空背景中区别出来

的最大距离。低能见度是指能见度在 1 000 m 以下的天气现象,是导致飞机撞地事故的主要原因之一。飞机在低能见度条件下飞行时,飞行员无法看清跑道和前下方障碍物的具体位置,因此飞机进近、着陆容易出现飞行偏差。若偏差过大,而飞行员仍然强行落地,则常会发生擦发动机、擦翼尖或者偏出跑道等后果。

低能见度主要由低云、降水、雾、霾、沙尘暴、浮尘、吹雪等天气现象造成。

(一)低云

低云通常是指云底高度在 2 000 m 以下的云层。这类云种类较多,如淡积云、浓积云、积雨云、碎积云、碎雨云等,且对飞行的影响较大,是飞行人员需要了解的重点天气现象之一,如表 1-2 所示。

表 1-2 低云的主要类型及对起降和飞行的影响

类型	对起降的影响	对飞行的影响
淡积云	较小	在云上飞行比较平稳;云量较多时,在云下或云中飞行有时有轻微颠簸;在云中飞行时,由于连续穿过许多云块,光线忽明忽暗,容易引起视觉疲劳
浓积云	很大	在云下或云中飞行常有中度到强烈的颠簸,云中还常有积冰。此外,云内水滴浓密,能见度十分恶劣,通常不超过 20 m,因此,禁止在浓积云中飞行
积雨云	最为严重	云中能见度极为恶劣,飞机积冰严重;在云中或云区都会遇到强烈的颠簸、雷电的袭击和干扰;暴雨、冰雹、狂风都可能危及飞行安全。因此,禁止在积雨云中或积雨云区飞行
碎积云	不大	云量多时,妨碍观测地标,影响着陆
碎雨云	很大	碎雨云迅速遮蔽机场时,对安全威胁很大

总的来说,对飞行影响最大的是浓积云和积雨云,无论在航线上还是起降过程中,都应避开。

(二)降水

降水是指液态或固态水从云中降到地面的天气现象,如雨、雪、霰、冰雹、冰粒等。降水对飞机的影响主要体现在以下几个方面:

(1)降水强度越大,能见度越低。在空中飞行时,降水会使座舱玻璃上出现流水或黏附雪花,使空中能见度更低;在大雨中着陆时,降水会使飞行员无法准确判断飞机离跑道的高度,导致接地不当,进而引发事故。

(2)飞机在含有过冷水滴的云层中飞行时,会迅速积冰,从而危及安全,如图 1-8 所示。飞机积冰会增加飞机的重量,改变飞机的重心和气动外形,从而破坏原有的气动性能,影响飞机的稳定性。机翼和尾翼积冰,会使升力系数下降、阻力系数增加,并可引起飞机抖动,导致操纵困难。

图1-8 飞机积冰

（3）飞机在积雨云中或积雨云附近几千米范围内飞行时，有被雹击的危险。

（4）飞机在大雨中降落时，发动机会吸入大量雨水，如果雨水流入燃烧室，会导致发动机熄火，严重威胁飞机的飞行安全。

（5）降水附着在跑道上时，地面摩擦力减小，导致操控困难。特别是跑道积雪、结冰时更为显著，在快速滑行或突然刹车时，飞机可能偏离跑道。

下雨天飞机到底能不能起飞？

（三）雾

雾是指近地面上空悬浮着大量水滴或冰晶，使地面能见度小于1 km的天气现象。雾的厚度一般在几十米到几百米之间，雾滴悬浮在近地面上空，一方面会影响空气的透明度，另一方面会对灯光产生较强的反射。因此，机场上空有浓雾，将严重妨碍飞机起降。

（四）霾

霾是指大量微小的固体杂质（包括尘埃、烟粒等）悬浮在空中，使水平能见度小于10 km的天气现象。在霾层中飞行时，四周常常朦胧一片，远处目标好像蒙上一层浅蓝色的纱罩。霾造成的大面积能见度恶化，必将严重影响飞机的起飞或降落，从而导致航班延误或返航。

（五）沙尘暴

沙尘暴是指强风扬起地面的沙尘，使空气浑浊，水平能见度小于1 km的天气现象。在沙尘区飞行，能见度低，地标难辨识，易造成迷航、着陆困难；沙粒进入发动机会造成机件磨损、油路堵塞、仪表失准等严重后果；沙粒间及沙粒与飞机间摩擦易产生静电，可干扰无线电通信和无线电罗盘。

（六）浮尘

浮尘是指当天气条件为无风或平均风速≤3 m/s时，尘土、细沙浮游在空气中，使水平能见度小于 10 km 的天气现象。浮尘对飞行的影响与霾相似，主要影响空中能见度。由于浮尘对短波光线（如蓝光、紫光等）的散射能力更强，而长波光线（如红光、橙光等）则更容易透过浮尘，因此远处景物、日月常呈淡黄色。

（七）吹雪

吹雪是指阵风将雪片（如雪花、雪粒等）吹扬到离地面一定高度的天气现象。在飞机起降阶段，跑道上堆积的吹雪会减小跑道摩擦力，导致飞机轮胎抓地力不足，极易引发滑行时偏离、冲出跑道等危险状况；飞扬在空中的雪片还会严重干扰飞行员的视线，使其难以精准判断跑道位置、飞机姿态及周边障碍物的情况，极大地增加起降难度。

美国一客机在多伦多着陆时翻覆，或与吹雪有关

2025 年 2 月 17 日下午，美国达美航空公司一架客机在加拿大多伦多皮尔逊国际机场着陆后发生翻覆，所幸机上 80 人无人员死亡。

事故发生时，多伦多正遭遇强风雪天气。当地航空专家推测，排除人为操作和飞机故障的情况下，飞机翻覆事故或与吹雪天气有关。

多伦多皮尔逊国际机场地处北美洲五大湖南岸，冬季冷空气与湖面暖湿气流交汇易形成强降雪。"今年 1 月下旬开始，北极极地涡旋分裂，其中一个极地涡旋偏向北美洲，使得强冷空气频繁南下与墨西哥湾暖湿气流交汇，已给五大湖地区造成多次强降雪过程。"我国中央气象台正高级工程师蔡芗宁表示。

在这样的背景下，2 月 17 日下午，多伦多皮尔逊国际机场遭遇高吹雪天气过程。"从当时机场的实况报文来看，多伦多皮尔逊国际机场积雪厚度达 22 cm，叠加 8 级以上的西南风。且从飞机跑道的方向看，飞机正在朝西北方向降落，与西南风正好形成一个大夹角。"中央气象台正高级工程师刘鑫华指出，抛开人为因素与机器故障因素，风吹雪天气会从三个方面影响飞机飞行安全：跑道积雪对飞机降落滑行的影响、吹雪对能见度的影响、大侧风影响。

在遇到影响飞行安全的天气时，相关部门需采取应对措施。"比如及时清理跑道积雪；根据天气实况及预报研判飞机是否可以起飞、降落；遇到大侧风时，飞行员通常会通过蟹形进场、侧滑进场等方式尽量降低大侧风的不利影响。"刘鑫华说。

随着全球气候变暖加剧，吹雪等极端天气或更加频繁。专家建议，应通过科学预警与系统性防御结合，最大限度降低此类天气的不利影响。

资料来源：王佳宁，《美国一客机在多伦多着陆时翻覆或与风吹雪有关》，新华网，2025 年 2 月 18 日，有改动。

四、雷暴

雷暴是指由发展强盛的积雨云引起的伴有雷电活动和阵性降水的局部天气现象。雷暴通常伴随着滂沱大雨或冰雹，在冬季甚至会随暴风雪而来，属于强对流天气系统。雷暴是一个"天气制造厂"，能"制造"各式各样的危及飞行安全的天气现象，如强烈的湍流、积冰、闪电击（雷击）和大风，有时还有冰雹、龙卷风、下冲气流（下击暴流）和低空风切变等，如图1-9所示。

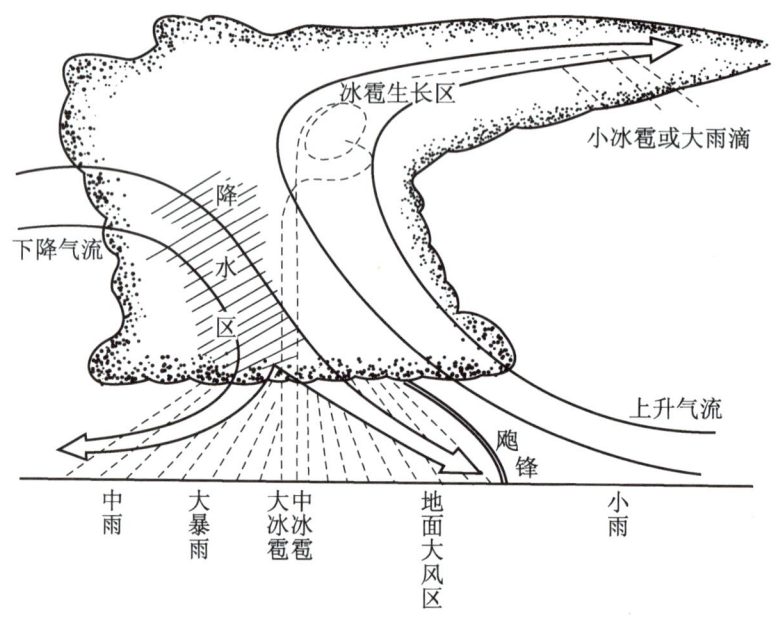

图1-9 强雷暴示意图

雷暴对飞机的飞行影响极大，主要体现在以下几个方面：

（1）雷暴产生的强烈阵风和强风切变，会使飞机失速、倾斜，严重偏离下滑道或跑道，对飞机的起降造成严重影响。

（2）雷暴引发的暴雨，一方面会使跑道积水，降低跑道摩擦力，增加飞机滑跑时的制动距离；另一方面，大量雨水会形成水雾，严重影响飞行员的能见度，给飞行操作带来极大困难。

（3）在雷暴区飞行时，云中强烈的乱流会使飞机发生严重颠簸，甚至使飞机处于无法控制的状态，导致飞机操纵失灵、仪表示度失真。

（4）云中大量的过冷滴会使飞机发生积冰。

（5）闪电电流进入机舱内会造成设备及电源损坏，甚至危及机组及旅客的安全；闪电和闪电引起的瞬间电场，会对仪表、通信、导航及着陆系统造成干扰或中断，甚至造成磁化；油箱被闪电击中，可能会引起飞机燃烧或爆炸。

（6）冰雹可能会击穿飞机蒙皮。

翼展风采

新疆空管局空管中心高效应对雷暴天气保障

2024年5月8日夜间至9日凌晨，乌鲁木齐迎来一场雷暴天气。为做好雷雨季节航班运行保障工作，新疆空管局空管中心（以下简称"中心"）针对上级雷雨保障工作要求，提前做好"五早"防范要求，积极安排部署，中心各单位紧密协作、全力应对，为航班安全运行保驾护航。

提前研判，加强预警

中心充分认识到雷雨季节保障的艰巨性和复杂性，在对乌鲁木齐雷雨影响特点、雷雨保障准备情况及存在的问题进行深入分析，制定相应措施，并召开安全相关会议研判风险后，安排部署工作，在作风纪律、业务技能、安全管理能力、运行协调能力、"双融合"能力、应急协同处置能力、现场带班能力、非常态运行指挥能力等方面做足准备。

深入一线，靠前指挥

"乌鲁木齐这场雷暴天气来得急、影响大，一定要全力应对，决不能轻敌"，5月8日晚间，空管中心领导和当日中心值班领导在详细了解管制现场情况、设备运行情况、雷暴天气强度和变化趋势后，及时组织启动复杂天气运行模式，并坚守在工作现场，组织管制单位协调绕飞、备降、等待，同时积极做好与兰州空管单位的跨区协同，最大限度保证航班运行安全。

加强协同，高效应对

中心各单位紧密协作，及时共享天气信息和航班动态，共同应对雷暴扬沙带来的挑战。气象中心针对此次雷雨天气，提前组织了一次临时天气会商，发布天气预报预警6份，值班预报员持续跟踪天气演变趋势，及时通过电话、微信群、"气象上塔台"等服务手段向用户就雷雨影响开始、持续、间歇时间，以及湿跑道顺风和风切变等进行跟进服务。流量管理室积极与周边管制单位协调航空器绕飞备降，降低航空器受复杂天气的影响。区域管制中心在保障空中航空器安全间隔的同时，严密监控空中等待和返航备降航空器的动态和油量情况，积极协调备降机场和相关单位，为航空器绕飞、空中等待和返航备降尽可能提供便利。终端管制中心增开副带班主任席位加强现场监控，积极协调相邻单位及扇区，确定移交方案，平衡扇区容量。

在上下一心、紧密流畅的配合下，新疆空管局空管中心成功保障了雷暴天气下航班的安全运行。

资料来源：王雨，《新疆空管局空管中心高效应对雷暴天气保障》，新华网，2024年5月12日，有改动

雷暴天气的注意事项

（1）飞行前，要及时向气象部门详细了解飞行区域的天气情况。特别是对有可能产生雷暴天气的区域，要认真研究雷暴的性质、位置、范围、强度、高度、移向、移速、变化趋势等，同时考虑备降场选择及其他注意事项。

（2）尽可能避开雷暴活动区，可采取推迟起飞时间、改变航线及飞行高度、空中等待、绕飞、改降、返航等措施。

（3）绕飞雷暴区时，基本原则为目视不进入雷暴云，力争在云上或云外飞行。绕飞时，应根据雷暴强度，在雷达回波边缘 25 km 以外的区域通过。穿越两块积雨云的空隙时一定要慎重，避免从两块强回波（指气象雷达接收到的来自大气中降水粒子、云粒子等的较强的反射信号）之间通过。

五、湍流

湍流是指流体呈现出的一种不规则的、随机的运动状态，无法通过肉眼直接观测到，且常常毫无预兆地出现。引发湍流的因素包括气压变化、急流、冷锋、暖锋及雷暴等，甚至在晴朗无云的天空中，也可能出现湍流现象。由于湍流具有复杂的特性，因此并非总能被精准预测，雷达有时也难以探测到它的存在。

飞机遭遇湍流时，就如同汽车行驶在崎岖的道路上，将出现左右摇晃、上下抛掷及机身震颤等情况，进而导致飞机操纵难度增大、仪表指示不准确等问题，这种现象称为飞机颠簸。在轻度颠簸状态下，飞行员通常能够通过全力操纵，保持对飞机的基本控制；但当颠簸特别严重时，飞机所承受的过载因数会显著增大，这可能会导致飞机结构受损甚至解体，从而对飞行安全构成极其严重的威胁。

飞机颠簸在飞行过程中较为常见，多数情况下不会引发重大危险，但如果飞机遇到强烈的湍流，也可能会发生严重的飞行事故。

航空颠簸频发或缘于气候变暖

2024 年 5 月 21 日，新加坡航空公司的一架客机在遭遇严重颠簸后骤降，最终在泰国曼谷紧急降落。不幸的是，这起事件导致一名 73 岁的英国男性旅客身亡，另有多人受伤。事故发生时，该客机在缅甸上空突然遇到强烈气流，机长随即宣布机上进入医疗紧急状态，要求在曼谷降落。随后，有30多人被送进当地医院接受治疗。据报道，死者原本就有心脏问题，可能是因心脏病发作死亡。这是该航空公司24年来发生的首次致命事故。

有关数据显示，事故发生在新加坡时间21日下午3时49分，客机的升降速率突然出现变化，将近1 min后才恢复正常。通过对早些时候卫星数据的分析发现，该航班在飞入雷暴活跃区域时，飞机高度短时间内骤减1 800 m以上，机舱内的旅客和物品被猛烈抛向顶部。多名旅客事后在社交媒体发布的照片及视频显示，机舱内一片狼藉，食物、毛毯、各类机舱用品、旅客随身物品等散落一地，氧气罩也弹了出来，多处有血迹。

无独有偶，仅隔几天，卡塔尔航空公司的一个航班26日在飞越土耳其时也遇到了湍流，导致12人受伤，该航班最终在目的地都柏林安全着陆。都柏林机场发表声明，共有6名旅客和6名机组人员受伤，其中8人被送往医院接受治疗。

大多数航班都会在航行过程中遇到某种程度的湍流，从而导致飞机突发颠簸。湍流主要发生在有上升和下降气流的云层中。虽然许多云层相对温和，但在较大的云层中，如积雨云、雷暴云等，空气的混乱运动会引起中度甚至严重的湍流。

此外，还有一种湍流被称为"晴空湍流"。顾名思义，它并不伴随云层出现，因此难以察觉，从而成为飞行过程中的巨大隐患。

航空学者兼商用飞行员盖伊·格拉顿解释说，晴空湍流通常出现在急流附近。急流是高空中快速流动的空气"河流"，通常在12 000～18 000 m的高空。急流中的空气与周围空气的速度差异造成的摩擦会造成湍流。湍流是不断移动的，因此很难完全避免。

英国雷丁大学于2023年在《地球物理研究快报》上发表的研究表明，从1979年到2020年，北大西洋航线上的严重湍流事件增加了55%。该研究将这一现象归咎于全球变暖改变了喷流气流，加剧了北大西洋和全球的晴空湍流现象。参与研究的雷丁大学大气科学教授保罗·威廉姆斯表示，气候变化正在改变湍流，"我们通过计算机进行了一些数据模拟，发现未来几十年严重湍流发生的可能性会增加一倍或两倍"。

威廉姆斯和同事的另一项研究也表明，随着气候变暖，晴空湍流将变得更加常见和强烈。而且，他们使用气候模型预测，严重湍流的增加将超过轻度和中度湍流。

尽管如此，威廉姆斯强调，湍流的增加并不意味着飞行风险的增加，大多数航班仍将像现在一样安全，只是会遇到轻微或温和的乱流。"这并不意味着我们必须停止飞行，否则飞机就会开始从天上掉下来，"威廉姆斯说，"只不过在飞行过程中过去可能只会经历10 min左右的严重湍流，未来可能会增加至20 min或30 min左右。"

飞行员通常会使用湍流预测来规划航线，气象中心的研究人员则利用地面传感器和卫星收集的数据来预测湍流，并将预测结果传递给飞行员。在飞行过程中，飞行员使用雷达来识别要避开的风暴云，但雷达无法探测到无云的晴空湍流。威廉姆斯提到，最新的激光雷达技术可以观测到飞行路线上的晴空湍流，但该设备成本高昂且体积庞大，不适宜飞行使用。

在更好的解决方案出现之前，专家建议旅客在飞行过程中始终系好安全带，以防遇到湍流。

资料来源：闫丛笑，《航空颠簸频发或缘于气候变暖》，
《光明日报》2024年6月6日，有改动

六、高空急流

高空急流是指出现在对流层顶部附近或平流层中的一股强而窄的气流。急流区一般宽300～400 km，厚2～4 km，长1 000～12 000 km，中心最大风力≥30 m/s。急流区的位置与季节密切相关，在中国，冬季靠南，夏季靠北。同时，急流还受天气的影响，它的强度、高度及位置是时刻变化的，因此，同一航路上飞行的飞机，即使时间相差不多，有的航班会遇到急流，有的则不会。

高空急流往往伴随着强烈的湍流、风切变，很容易引起飞机的中度和重度颠簸，这是高空急流对飞行构成的主要威胁之一。急流区有两个显著特点：一是风速大；二是风切变强。由于急流区风速大，飞机顺急流飞行时，地速增大，可节省燃料、缩短航时或增加航程，但应避开风切变；逆急流飞行时，情况则相反，故应尽量避开急流区，选择风速相对较小的区域飞行；横穿急流时，会产生很大的偏流，这对领航计算和保持航线有较大影响。

任务实施

近十年来，民航新增航线超过3 000条、运输飞机总数已超4 000架、完成旅客运输量超2.5亿人次。飞机凭其快捷、舒适的特点，成为大多数人的出行首选。但即使在航空业发展已如此成熟的今天，航班延误甚至取消仍是人们不得不面对的现实。很多人会将航班不正常归咎于航空公司，但事实上，航空公司的责任只能占其中较小一部分。造成航班不正常的原因通常比较复杂，如天气原因、空中交通管制、机械故障、飞机调配、旅客原因等，其中，天气往往是导致航班不正常的首要因素。根据中国民用航空局（以下简称"民航局"）运行监控中心的数据，近几年天气原因导致的不正常航班均占55%以上。

请以小组为单位，收集特殊天气对飞行影响的相关资料（如恶劣天气导致的空难事故原因分析、历年国内客运航班不正常原因分析等），尝试写一份特殊天气现象对飞行影响的调查报告。

任务评价

请同学们根据表 1-3 对自己上述任务的实施情况进行评分，并请任课教师评分。

表 1-3　任务实施评价表

考核内容		分值	自评分	师评分
知识	熟悉影响飞机飞行的天气现象	10		
	熟悉各类天气现象对飞行的影响	20		
能力	能够结合相关案例和数据等客观分析特殊天气现象对飞行构成的威胁	30		
	调查报告结构完整、逻辑严谨、表述清晰	20		
素质	具备良好的资料收集能力和数据分析能力	10		
	与小组成员协作良好，具有良好的团队精神	10		
合计		100		
总分（自评分 × 40% + 师评分 × 60%）				

任务三　掌握时差与飞行时间计算的原理和方法

知识目标

- ➤ 了解时差产生的原因、夏令时的概念和意义。
- ➤ 熟悉国际日期变更线的意义。
- ➤ 掌握地方时、区时和法定时的概念，以及时差和飞行时间的计算方法。

能力目标

- ➤ 能够正确区分区时和法定时，并熟练应用于日常工作中。
- ➤ 能够熟练计算不同时区国家和地区的时差，并将其准确应用于飞行时间的计算。

素质目标

- ➤ 培养严谨科学的专业精神。
- ➤ 强化时间观念，确保跨区域时间信息处理的准确性和时效性。

任务导入

詹姆斯先生住在美国洛杉矶，准备来中国旅游。8 月 16 日早上 8 点，詹姆斯先生所乘坐的飞机于洛杉矶准时起飞，预计飞行时间为 15 h。快到目的地时，客舱中播报："本次航班将于 5 min 后抵达北京首都国际机场，到达时间是北京时间 8 月 17 日 14 点。"詹姆斯先生看了眼自己的手表，手表上显示的是 8 月 16 日 22:55。

请思考：为什么詹姆斯先生手表上的日期和时间与客舱播报不一样？

一、时差的产生及相关概念

由于地球的自转运动，相同纬度地区，东边的地点更早看到日出，这导致不同经度地区的时间早晚出现差别。例如，太阳在北京已经升起时，美国洛杉矶还处于前一日的傍晚时分。这个时间差就是不同地区的时差。

（一）地方时

以一个地方太阳升到最高的时间为正午 12 时，以此向前、向后各推 12 h，构成一天的 24 h，这个时间系统称为地方时。经度相同的地方，地方时相同；经度不同的地方，地方时不同。经度相差 15°，地方时相差 1 h；经度相差 1°，地方时相差 4 min。

 民航互动营

如果世界各地都把所在地的地方时作为当地的计时标准，可行吗？

（二）区时

理论上来说，经度有无数个，所以全球有无数个地方时。但这么多地方时会给人们的工作和生活带来很多不便，为了解决这个问题，人们制定了"区时"。

1884 年在华盛顿召开的国际经度会议规定：以本初子午线为基准，把从西经 7.5°到东经 7.5°的范围作为零时区；从零时区开始，每隔 15°为一个时区，即以东（西）经 7.5°～22.5°的范围作为东（西）一时区，东（西）经 22.5°～37.5°的范围作为东（西）二时区，以此类推。至东、西十二时区，两个时区各占 7.5°，合为一个时区，称为东西十二时区。这样，全球被划分为 24 个时区。

每个时区中央子午线上的时间就是这个时区内统一采用的时间，称为区时。相邻两个时区的区时相差 1 h。当人们向东走时，每走过一个时区，应将手表拨快 1 h；相反，当人们向西走时,每走过一个时区,应将手表拨慢 1 h。为方便旅客调整时间,机场等交通中心常将世界各大城市所对应的区时用图表示出来。

(三) 法定时

法定时是指各国实际采用的标准时,是对理论标准时(区时)的变通。这种时间系统及其适用范围,通常是由国家的立法机关或政府当局以法令形式制定和颁行的,其时区界线一般以自然界线或行政疆界标定。

我国规定全国采用首都北京所在的东八时区的区时作为统一使用的时间,即人们平时所说的"北京时间"。但中国东西横跨 5 个时区,地方时相差较多,所以不同地区存在一定的作息差异。例如,新疆地理位置靠西,其地方时和北京时间存在一定的差异,因此该地区的人一般在北京时间上午 10 点左右才开始上班,下午 2 点左右开始吃午饭,晚上八九点开始吃晚饭。

(四) 国际日期变更线

地球上各处因东西位置不同,日出时刻有早晚的差异。向东航行的人去迎接太阳,绕地球一周后,会感觉多过了一天;向西航行的人去追赶太阳,绕地球一周后,会感觉少过了一天。为避免这种日期上的紊乱,1884 年召开的国际经度会议决定将经度 180°的子午线作为日期变更的界线,即国际日期变更线。向东越过这一线时需减去一天,向西越过这一线时需增加一天,即东西十二时区时刻相同、日期不同,西十二时区总是比东十二时区晚一天。例如,当西十二时区为 8 月 24 日早上 6 点时,东十二时区为 8 月 25 日早上 6 点。

为避免在一个国家和地区中同时存在两种日期,日界线并不是一条直线,而是一条折线,它由北往南经过白令海峡和阿留申、斐济、汤加等群岛达新西兰的东边,如图 1-10 所示。

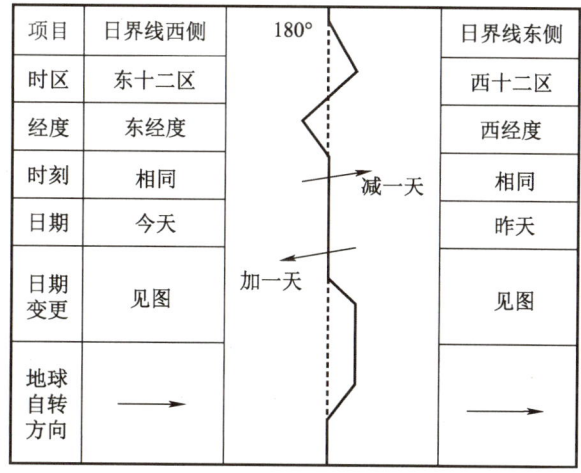

图 1-10　国际日期变更线

民航互动营

请想象：假设你戴着手表从北京向西出发，每到达一个时区拨一次手表，向西环球旅行一周后回到北京。此时，手表上的时间是如何显示的？

民航智慧园

时差反应

时差反应是指乘飞机高速跨时区飞行时，不同时区的时间差别与人体原有生物节律不相符而引起的一系列症状，常表现为睡眠障碍、倦怠、注意力不集中、运动能力下降等。在长距离国际航线飞行时，乘务人员一般会帮助旅客调整时差。例如，把座舱灯光调暗、把窗帘关上等，以营造良好的睡眠氛围，帮助旅客缓解时差带来的不适。

（五）夏令时

夏令时是指按国家法令，在夏季及其前后推行的法定时间，比平时提早 1 h 或 2 h。推行夏令时的目的在于充分利用日光，节约照明电力。

各国国情有别、所处地理位置不同、实际需求各异，在夏令时的起止日期、调整幅度等具体细则上存在显著差异。当前，全球范围内每年约有 110 个国家依旧推行夏令时，我国曾在特定阶段尝试推行夏令时，后基于多种因素考量已停止推行。

正因如此，在进行航班时刻表编排等涉及跨国、跨时区的业务操作时，相关人员须重点关注航班所通达的各个地区哪些正值夏令时推行阶段，哪些并未推行，以免影响航班衔接和旅客行程。

二、时差与飞行时间计算

（一）时差的计算

国际上规定将零时区的区时作为全世界共同使用的时间系统，称为世界时，又称格林尼治标准时（英文简写为 GMT）。计算时差时，可根据当地所属的时区进行当地时间和世界时的换算。例如，我国在东八时区，那么我国时间与世界时的时差为 8 h，为 GMT +8。需要注意的是，有一些联邦制国家在本国实行多时区制和夏令时，在计算时差时需要考虑这两个因素。例如，俄罗斯的莫斯科在东三时区，当地时间为 GMT +3；而符拉迪沃斯托克在东十时区，当地时间为 GMT +10。

民航互动营

家住广州的张同学想要给在美国纽约出差的父亲打电话,此时广州时间为12月5日14:00。张同学这时候给父亲打电话合适吗?为什么?

(二)飞行时间的计算

在国际航班时刻表上,所有的航班时刻都分别以始发地和目的地的当地时间来表示,在计算航班的飞行时间时,一般分3个步骤进行。下面通过例题来说明计算方法。

【例】一旅客乘坐1月28日的航班从北京去美国华盛顿,飞机起飞时间是北京时间9:44。到达华盛顿时,当地时间为1月28日15:30。那么,该航班的飞行时间是多少?

解:航班飞行时间大致可以按以下3个步骤进行计算。

第一步:根据北京(东八时区)和华盛顿(西五时区)所属的时区,确定两地时间与世界时的关系。

$$北京时间 = GMT + 8$$
$$华盛顿时间 = GMT - 5$$

第二步:将起飞和到达的当地时间换算成世界时。

$$GMT_{起飞} = 9:44 - 8 = 1:44(1月28日)$$
$$GMT_{到达} = 15:30 + 5 = 20:30(1月28日)$$

第三步:用换算后的到达时间减去起飞时间,即为飞行时间。

$$GMT_{到达} - GMT_{起飞} = 20:30 - 1:44 = 18\ h\ 46\ min$$

民航互动营

某公司一员工要从北京到美国纽约参加一个重要的会议。已知会议在当地时间9月20日9:00开始,飞机飞行时间约为10 h。这位员工如果乘坐北京当地时间9月20日5:00的飞机飞往纽约,能否及时赶到会场?

这位员工能否及时赶到会场?

任务实施

【任务一】请在世界时区图上查找伦敦、开罗、雅典、莫斯科、北京、纽约、巴西7座城市所在的时区,并计算相邻两个时区的中央子午线相差多少经度、区时相差几个小时。

【任务二】 相传，在国际日期变更线附近曾发生过这样一件事情：一艘客轮从西太平洋向东航行。航行途中，海上起了大风，客轮剧烈摇晃，一位孕妇耐不住轮船的颠簸而临产。她先生下一个女婴，5 min 后，客轮自西向东越过国际日期变更线，她又生下一个女婴。一对孪生姐妹先后降生，而后出生的妹妹却比先出生的姐姐大一天。这一罕见的情况，你认为应如何解释？

【任务三】 时差计算：当美国纽约时间是 10 月 30 日 5:00 时，加拿大温哥华此时是什么时间？（注：美国纽约的世界时换算值为 GMT－4，加拿大温哥华的世界时换算值为 GMT－7。）

任务评价

请同学们根据表 1-4 对自己上述任务的实施情况进行评分，并请任课教师评分。

表 1-4　任务实施评价表

	考核内容	分值	自评分	师评分
知识	了解时差产生的原因	10		
	熟悉国际日期变更线的意义	10		
	掌握区时和法定时的相关知识	15		
能力	能够准确判断所列城市的时区，相邻时区相差的经度和时间	15		
	能够运用国际日期变更线的相关知识合理解释任务二中的罕见情况	15		
	能够熟练运用时差计算的原理与方法，利用给定信息，准确推算出温哥华的当地时间	15		
素质	具备良好的理解能力和计算能力	10		
	具备一丝不苟的精神，能够在学习中始终保持严谨认真的作风	10		
	合计	100		
	总分（自评分×40%＋师评分×60%）			

一、填空题

1. 在地球仪上,顺着东西方向环绕地球仪一周的圆圈称为_____;连接南北两极,并且与前者垂直相交的是_____。

2. 地球绕地轴自西向东地_____,完成一周需要_____;地球还围绕太阳自西向东地_____,完成一周需要_____。

3. 地球大气层自下而上可以分为_____、_____、_____、_____和_____,其中_____是飞机飞行最理想的区域。

4. 影响飞机飞行的天气现象包括_____、_____、_____、_____、_____和_____。

5. 全球共分为_____个时区,零时区是指_____。

6. 每个时区中央子午线上的时间称为_____,世界时是指_____。

二、单项选择题

1. 北京的地理坐标是(　　)。
   A. 116°N,40°E　　　　　　B. 116°S,40°W
   C. 40°N,116°E　　　　　　D. 40°S,116°W

2. 大气层中约3/4的大气质量和几乎整个大气层中的水汽和杂质集中在(　　)。
   A. 对流层　　　　　　　　B. 平流层
   C. 中间层　　　　　　　　D. 热层

3. 低空风切变对(　　)阶段的飞行危害最大。
   A. 起飞和降落　　　　　　B. 爬升
   C. 巡航　　　　　　　　　D. 下降

4. 在云下或云中飞行常有中度到强烈的颠簸,云中常有积冰,云内能见度通常不超过20 m的低云种类是(　　)。
   A. 积雨云　　　　　　　　B. 碎积云
   C. 碎雨云　　　　　　　　D. 浓积云

5. 飞机颠簸是由(　　)导致的。
   A. 地面大风　　　　　　　B. 低空风切变
   C. 湍流　　　　　　　　　D. 积雪

6. 国际时间换算中所用的 GMT 是指（　　）。
   A．世界时　　　　　　　　　　B．法定时
   C．区时　　　　　　　　　　　D．地方时

7. 当人们向东走时，每走过一个时区，应将自己的手表（　　）。
   A．拨慢 1 h　　　　　　　　　B．拨快 1 h
   C．拨慢 15 min　　　　　　　D．拨快 15 min

8. 希腊雅典（东二时区）在某日 19:00 向世界转播体育比赛实况，我国体育爱好者在电视中看到该实况的时间是（　　）。
   A．13:00　　　　　　　　　　B．次日 1:00
   C．次日 17:00　　　　　　　　D．23:00

9. 假定世界各地金融市场均在当地时间 9:00 开市、17:00 闭市，某投资者 12 月 10 日 9:00 在法兰克福市场买进欧元，12 h 后欧元上涨。该投资者若想尽快卖出欧元，应选择（　　）的金融市场。
   A．东京　　　　　　　　　　　B．香港
   C．伦敦　　　　　　　　　　　D．纽约

10. 在上述假定的营业时间内，下列各组金融中心能保证 24 h 作业的是（　　）。
    A．法兰克福、新加坡、伦敦　　B．伦敦、香港、旧金山
    C．伦敦、东京、纽约　　　　　D．东京、洛杉矶、纽约

11. 12 月 25 日当地时间 9:00，小强远在纽约（西五时区）留学的姑姑乘飞机回沈阳探亲。自纽约至沈阳，飞机飞行时间约为 17 h。小强在（　　）到机场接姑姑最合适。
    A．25 日 15:00　　　　　　　B．25 日 13:00
    C．26 日 19:00　　　　　　　D．26 日 15:00

三、简答题

1. 地球自转会对飞机飞行产生怎样的影响？
2. 对流层位于大气层的哪一部分？该层有何特点？
3. 地面大风对飞机飞行有何影响？
4. 什么是飞机颠簸？飞机颠簸对飞机飞行有何影响？
5. 一架飞机从俄罗斯圣彼得堡（东三时区）于当地时间 1 月 18 日 15:00 起飞，向西南经过 11 h 飞抵古巴首都哈瓦那（西五时区）。飞机抵达哈瓦那时，当地是什么时间？

项目一　航空运输地理概论

请同学们结合课上学习情况、任务实施和项目学习效果综合测试的完成情况，按照表 1-5 的评价标准自评和互评，并请任课教师给予总体评价。

表 1-5　项目学习成果评价表

考核内容	评价标准	分值	评价得分		
			自评	互评	师评
能力评价	能够根据地球自转和公转的相关知识，说出两者对飞机飞行的影响	5			
	能够根据大气层的相关知识，分析影响飞机飞行的环境因素	10			
	能够预见恶劣天气的影响，并明确应对措施	10			
	能够正确区分区时和法定时，熟练计算不同时区国家和地区的时差，并准确应用于飞行时间的计算	10			
知识评价	了解地球的纬度和经度、地球自转和公转及其影响	5			
	熟悉大气层和飞行环境的相关知识	10			
	熟悉影响飞机飞行的天气现象，以及各类天气现象对飞机飞行的影响	10			
	了解时差产生的原因、夏令时的概念和意义	5			
	熟悉国际日期变更线的意义	10			
	掌握地方时、区时和法定时的概念，以及时差和飞行时间的计算方法	10			
素养评价	具备探索精神，勇于探索未知领域，积极拓展自己的视野	5			
	具备时间观念和安全第一的意识，拥有较强的责任感、紧迫感和使命感	10			
总评	自评 × 30% + 互评 × 30% + 师评 × 40%				
教师评价					

教师（签名）：

27

航空运输布局的构成要素

项目导读

航空运输布局是指航线、机场和运力在一定地域空间上的分布与组合。航线、机场(航空港)和运力(航空公司)是构成航空运输布局的三大要素。理解航线的定义和分类、航线网络的构成,了解机场的概念、等级和分类等相关知识,熟悉空港城市和机场的三字代码、航空公司的代码,掌握影响航空运输布局的因素等,是每一位民航运输服务行业从事人员应具备的基本能力之一。

学习目标

➢ 熟悉航线的基本知识。
➢ 熟悉机场(航空港)的基本知识。
➢ 熟悉航空公司的基本知识。
➢ 掌握影响航空运输布局的因素。

项目二　航空运输布局的构成要素

任务一　熟悉航线的基本知识

知识目标
- 熟悉航线的定义和分类。
- 熟悉航线网络的结构。

能力目标
- 能够准确判断某一航线的类型。
- 能够根据航线网络结构的优缺点，判断某一地区适用的航线网络。

素质目标
- 牢记"人民航空为人民"的宗旨，积极投身于构建高效的航空服务体系，致力于提升空中交通服务的运行能力。

 任务导入

国内一航空公司开通了哈尔滨—天津—上海、哈尔滨—青岛—无锡两条航线，均为每日一班。哈尔滨—天津—上海航线每日11:40从上海起飞，14:10抵达天津，15:15从天津起飞，17:10抵达哈尔滨；18:10从哈尔滨起飞，20:20抵达天津，21:15从天津起飞，23:25抵达上海。哈尔滨—青岛—无锡航线每日7:30从无锡起飞，8:45抵达青岛，9:40从青岛起飞，11:45抵达哈尔滨；12:35从哈尔滨起飞，14:50抵达青岛，15:30从青岛起飞，17:00抵达无锡。

请思考：上述两条航线属于哪种航线网络？你乘坐过的航班是直达目的地还是需要中途停靠？你更喜欢乘坐哪种类型的？为什么？

一、航线的定义

航线是指连接两个或多个地点，用于定期或不定期飞行并对外经营运输业务的航空交通线。

航线不仅确定了飞机飞行的具体方向、起止点和经停点，而且还根据空中交通管制的需要规定了航线的宽度和飞行高

飞机航线为什么不是直线？

度，以维护空中交通秩序、保证飞行安全。飞机航线的确定除了考虑安全因素外，还要综合考量经济效益和社会效益。一般情况下，航线安排以大城市为中心，先在大城市之间建立干线航线，再辅以由大城市辐射至周围小城市的支线。

二、航线的分类

根据飞机飞行起止点和经停点地理位置的不同，航线可分为国际航线、国内航线和地区航线三大类。

（一）国际航线

国际航线是指飞行路线连接两个或两个以上国家的航线，如上海—洛杉矶航线。

（二）国内航线

国内航线是指一个国家内部的航线，又可分为国内干线、国内支线和地方航线三类。

1. 国内干线

国内干线的起止点都是重要的交通中心城市，此类航线上航班数量多、密度高、客流量大，如北京—上海航线、北京—广州航线、青岛—深圳航线等。

2. 国内支线

国内支线是指把各中小城市和干线上的交通中心城市连接起来的航线，起止点中一般有一方是较小的机场，如乌鲁木齐—喀什航线。支线上的客流量远小于干线。

3. 地方航线

地方航线是指把中小城市连接起来的航线。地方航线上客流量很小，和支线界限明确。

（三）地区航线

地区航线是指在一国之内，连接普通地区和特殊地区的航线，如内地（大陆）与港澳台地区之间的航线。

三、航线网络的结构

根据飞机飞行起止点之间的通航方式，目前航线网络的结构大致有城市对式、城市串式和中枢辐射式三种。

（一）城市对式

城市对式是指在两个城市之间开辟直达航线的航线结构形式，其基本特点是在两地间设置直飞航班，旅客无须中转，如北京—上海航线，如图2-1所示。此类结构的航线适用于客货流量较大的机场。

项目二　航空运输布局的构成要素

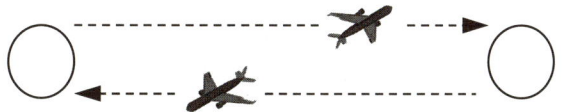

图 2-1　城市对式航线结构

1. 优点

对于旅客而言，通常能够以相对较短的飞行时间直达目的地，减少旅途耗时，提升出行效率。对于航空公司而言，由于各航线独立运营，因此在制订单条航线的运营计划时无须过多考虑与其他航班的衔接，这在一定程度上简化了航线运营计划的制订流程。

2. 缺点

由于各航班间缺乏相互关联，航线客货源仅依赖于起止城市间的需求，而单一城市对的航空市场需求通常有限，这在一定程度上限制了客货源拓展，进而影响航班载运率（详见本项目任务三）。

> **翼展风采**
>
> #### 国产大飞机 C919 正式执飞西安—广州直达往返航线
>
> 2025 年 3 月 30 日，中国东方航空股份有限公司（以下简称"东航"）C919 客机再添一条定期商业航线。当天上午，机号为 B-919E 的国产大飞机 C919 执飞 MU2303 航班，搭载 151 名旅客，于上午 8:31 从西安咸阳国际机场起飞，经过近 3 h 的飞行，顺利抵达广州白云国际机场。这标志着国产大飞机 C919 正式开通第 12 条定期商业航线。
>
> 据悉，由东航 C919 机型执飞的西安—广州往返航班号为 MU2303/MU2312，每日往返一班。去程航班号为 MU2303，8:25 从西安起飞，11:10 抵达广州；回程航班号为 MU2312，12:15 从广州起飞，14:45 抵达西安。该航线是国产大飞机 C919 继西安咸阳—北京大兴、西安咸阳—上海虹桥两条航线后，在西安开通的第三条定期商业航线。
>
> 作为国产大飞机 C919 的全球首发航企，东航于 2022 年 12 月 9 日接收全球首架 C919 国产大飞机，于 2023 年 5 月 28 日实现 C919 全球首次商业载客飞行。东航 C919 机队创造了国产大飞机在全球民航业的多个"第一"：第一次飞出国门亮相新加坡航展，第一次服务春运，第一次加注可持续航空燃料进行商业飞行，第一次执行"沪港"商业定期航线等。
>
> 截至 2025 年 3 月 30 日，东航 C919 共执飞上海虹桥—太原、上海虹桥—重庆、上海虹桥—武汉等 12 条精品航线，通达 10 座城市。东航 C919 机队累计安全飞行超 2.3 万小时，执飞商业航班超 9 600 班，承运旅客突破 127 万人次。
>
> 资料来源：王亚玲，《国产大飞机 C919 执飞西安—广州往返航班》，中国民航网，2025 年 3 月 30 日，有改动

（二）城市串式

城市串式是指飞机从始发地至目的地的途中经一次或多次停留，在中途机场进行客货补充的航线结构形式，如图 2-2 所示。此类结构航线的特点是一条航线由若干航段组成，通过在中途经停补充客货源。

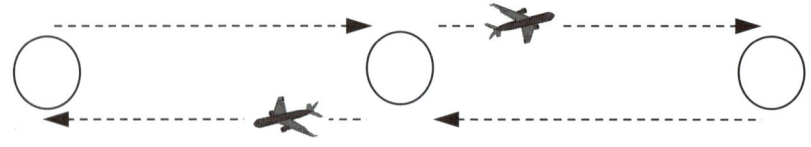

图 2-2　城市串式航线结构

1. 优点

通过在途中经停补充客货源，城市串式航线不仅能有效整合不同航段的客货需求，还能显著提高航班的载运率。同时，航空公司无须为每个城市对单独调配大量运力，从而节省运力资源。

2. 缺点

城市串式航线因经停站较多，会增加航班运行的复杂性和不确定性，极易造成航班延误。一旦航班延误，不仅会影响后续航段的正常运行，打乱整个航程的计划，还会对整个航线网络中的运力调配造成严重影响。此外，经停会延长旅客的旅行时间，影响旅客的出行体验，从而可能会影响客源。

（三）中枢辐射式（枢纽式）

中枢辐射式是指将一个或几个适当的机场作为中枢，中枢周边较小的城市间不直接通航，而是通过在中枢进行有效中转完成衔接的一种航线结构形式，如图 2-3 所示。枢纽机场一般为规模相对较大的民用运输机场，位于经济发达地区的核心位置，是整个航线网络的焦点。

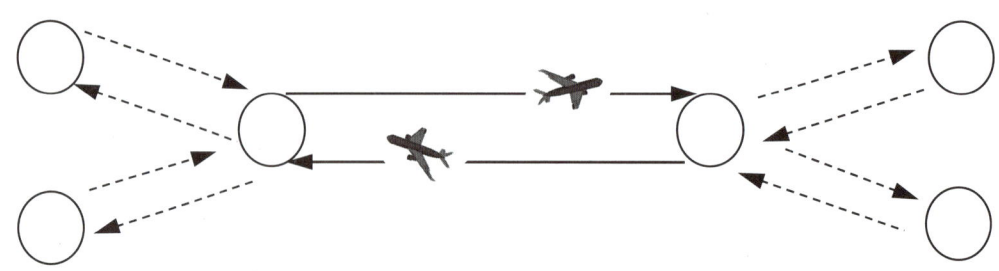

图 2-3　中枢辐射式航线结构

1. 优点

（1）能刺激需求，促进航空运输量的增长。在中枢辐射式航线结构中，干线与支线功能有机结合、大小机型与航线匹配，使航空公司能够更高效地调配资源、降低运营成本，从而能够适当降低票价吸引更多旅客，进一步刺激市场需求。

（2）有利于航空公司提高航班的载运率。中枢辐射式航线结构的建立，可将原来小型机场对飞航线上的空运量转移到干线上来，从而提高干线上的载运率。原来吞吐量较少的机场改用小型飞机运营，通过支线与枢纽机场连接进而与干线连通，可避免在运量较少的机场之间采用大中型飞机对飞造成的运力过剩，同时也可提高小型飞机的载运率。

（3）有利于机场提高经营效益。中枢辐射式航线结构的建立，使得枢纽机场的飞机起降架次和客货吞吐量大幅度增加，航空业务收入和非航空性收入（如商业租赁收入、广告收入等）随之增加，单位运营成本降低；对于中小型机场而言，通过承接更多支线航班，飞机起降架次和客货吞吐量会增加，财政状况会得以改善，自我生存和发展能力会得以增强。

2. 缺点

对于旅客而言，选择中枢辐射式航线要面临更长的旅行时间及中转带来的种种不便。对于航空公司而言，航班时刻的安排、运力的调配和人力的安排都变得更加复杂，使运营管理成本有所增加。对于机场而言，航班波带来的客货流量高峰极易造成枢纽机场和航路上的拥塞，增加枢纽机场的运营压力。此外，由于航班编排紧凑，当一个航班遇到突发事件（如天气原因）导致航班不正常时，后续航班会受到很大的影响。

民航小贴士

航班波是指将枢纽机场的进港航班和出港航班分开，一个时段安排进港航班，紧接着在另一个时段安排出港航班，在时间上将进港航班和出港航班有效衔接起来。

假设一个机场未形成航班波，9点时段和10点时段各有5个进港航班和5个出港航班。此时航班衔接机会只有25个，即9点时段进港的5个航班与10点时段出港的5个航班之间的衔接。而形成航班波之后，9点时段全部安排进港航班10班，10点时段集中安排出港航班10班，衔接机会将由之前的5×5变为10×10，增加3倍。

航班波在技术层面有较高的要求：① 航空公司之间密切配合，并依托网络化订座、销售系统，确保在中枢辐射式航线结构中，任一机场登机的旅客能够"一票到底"；② 枢纽机场的飞行区、航站楼、各种信息系统及其他配套设施能支持较多航班的集中起降和旅客的中转；③ 交通管制、海关边检等具备同时处理较多航班的能力等。

任务实施

民航业是国家重要战略产业，是建设高效顺畅流通体系，推进中国式现代化的基础性、先导性行业。在当前形势下，民航业的重要使命就是要从全局和战略高度为构

建"全国统一大市场"提供有力支撑。大家耳熟能详的"干支通，全网联"就是民航局为此采取的一项重要举措。所谓"干支通，全网联"是指以通程航班（指单一承运人或不同承运人通过合作，向旅客提供"一次支付、一次值机、一次安检、行李直挂、无忧中转"，在必要时协助提供住宿等全流程服务的国内中转航班）为主要载体，以中转便利化为支撑，打通干线运输、支线运输和通航短途运输，形成航线互联、机场互通的航空运输网络，实现国内主要城市高效畅通、偏远地区城市有效连通、通过联网成片，构建"全国民航一张网"，为便利更多的偏远地区居民乘机出行提供有力保障，更好地实践"人民航空为人民"的根本宗旨。

资料来源：《民航局："干支通，全网联"航空运输网络体系建设已经站在了新的起点》，民航资源网，2023年9月15日，有改动

请以小组为单位，根据本任务所学知识，查阅相关资料，选择某一地区（如西南山区、东南沿海城市群等），结合当地地理环境、经济发展水平和航空运输需求，制订一套"干支通，全网联"的航线规划方案，并分析该方案是如何促进区域经济发展、为居民出行提供便利的。

任务评价

请同学们根据表 2-1 对自己上述任务的实施情况进行评分，并请任课教师评分。

表 2-1　任务实施评价表

	考核内容	分值	自评分	师评分
知识	熟悉航线的定义	10		
	熟悉航线的分类	10		
	熟悉航线网络的结构，以及各种结构的特点和优缺点	15		
能力	所设计的方案能够有效解决实际问题，具备较强的可行性与应用价值	25		
	方案设计有理有据，行文表述清晰流畅	20		
素质	具备良好的团队精神和沟通协作能力	10		
	具备较好的资料查找、整理和分析能力，可高效整合行业动态、政策文件等多源资料，并可快速提炼核心要点	10		
	合计	100		
总分（自评分 × 40% + 师评分 × 60%）				

项目二 航空运输布局的构成要素

任务二 熟悉机场（航空港）的基本知识

知识目标

- 熟悉机场的概念和组成。
- 熟悉机场的等级和分类。
- 熟悉空港城市和机场的三字代码。

能力目标

- 能够准确判断机场的等级和类型。
- 能够快速、准确识别空港城市和机场的三字代码。

素质目标

- 以专业与担当展现中国航空实力，为打造世界一流航空枢纽、彰显国家航空领域的综合竞争力贡献自己的力量。

 任务导入

2025年4月17日，乌鲁木齐天山国际机场北航站区经过周密筹备，正式进入转场试运行。这座由中国建筑第八工程局有限公司承建的国际航空枢纽不仅是连接中国与中亚、欧洲的"黄金门户"，还是推进新疆丝绸之路经济带核心区"一港五中心"高质量发展的重要载体，更是点燃新疆经济发展的新引擎。

乌鲁木齐天山国际机场北航站区采用"主楼+三指廊"构型，建筑主体包含地下1层、地上4层，建筑面积50万平方米，规模超过现有T1、T2、T3航站楼面积总和。据介绍，乌鲁木齐天山国际机场将达到最高等级4F，有177个机位的站坪，近期可满足年旅客吞吐量4 800万人次、货邮吞吐量55万吨、飞机起降36.7万架次，终期可满足年旅客吞吐量6 300万人次、货邮吞吐量75万吨、飞机起降45.1万架次。

这座现代化航空枢纽的投运，将使新疆作为"向西开放桥头堡"的战略地位得到进一步巩固，为区域经济发展注入强劲动能。

资料来源：陈秋静，《乌鲁木齐天山国际机场北航站区正式转场试运行 打造亚欧航空枢纽新标杆》，中国日报网，2025年4月17日，有改动

请思考：除了上文提到的"航站区"，机场的组成部分还有哪些？机场是如何分级的？年旅客吞吐量是否是确定机场类型的依据之一？

一、机场的概念和组成

（一）机场的概念

机场是指专供民用航空器起飞、降落、滑行、停放，以及进行其他活动使用的划定区域，包括附属的建筑物、装置和设施。有时机场又称航空港。狭义的航空港仅指地面起降系统，即机场；广义的航空港泛指它所依托的城市。

从中国机场看中国智慧

（二）机场的组成

机场一般由飞行区、航站区和延伸区构成，如图2-4所示。

图2-4 机场示意图

1. 飞行区

飞行区是指供飞机起飞、着陆、滑行和停放的区域及其上空对应的净空区域，包括跑道、滑行道、机坪，以及一些交通设施，如围场路、空侧服务道路、车辆停放区、加油及充电设施等。

2. 航站区

航站区是指机场内办理航空客货运输业务和供旅客、货物地面运转服务的区域，主要指航站楼（候机楼）及其配套的站坪、交通和服务设施设备等。

3. 延伸区

延伸区是与机场航空服务相关的其他区域，包括货运、机务维修及工作区（包括机场管理机构、驻场单位的生产保障设施和场地等）。

二、机场的等级

飞行区等级常用来指称机场等级。飞行区等级指标包括指标 I 和指标 II。指标 I 是指拟使用该飞行区的飞机的最大基准飞行场地长度,用"1,2,3,4"表示,如表 2-2 所示;指标 II 是指拟使用该飞行区的飞机的最大翼展(见图 2-5),用"A、B、C、D、E、F"表示,如表 2-3 所示。

图 2-5 翼展与轮距示意图

表 2-2 飞行区等级指标 I

飞行区等级	飞机基准飞行场地长度/m
1	<800
2	800～1 200(不含)
3	1 200～1 800(不含)
4	≥1 800

表 2-3 飞行区等级指标 II

飞行区等级	翼展/m
A	<15
B	15～24(不含)
C	24～36(不含)
D	36～52(不含)
E	52～65(不含)
F	65～80(不含)

我国国内三大航空枢纽城市——北京、上海、广州都拥有 4F 等级的机场,另外成都、天津、西安、武汉等城市也建有 4F 等级的机场,而且有 4F 等级机场的城市在不

断增加。我国省级行政中心城市大部分已建有4E及4E以上等级的机场，只有少部分尚未建有。

三、机场的分类

（一）按航线性质划分

按航线性质，机场可划分为国际机场和国内机场。
（1）国际机场：指经批准设立口岸，拟开通国际航线和/或港澳台地区航线的机场。
（2）国内机场：指专供国内航班使用的机场。国内机场按在航空运输网络中所起的作用，又可分为枢纽机场、干线机场和支线机场。枢纽机场是指位于全国航空运输网络和国际航线枢纽位置的机场，旅客在此可以很方便地中转到其他目的地。干线机场是指以国内航班为主，兼有少量国际航班，可全方位建立跨省、跨地区国内航班的机场。支线机场是指以国内和省内航班为主，位于中小城市，以服务本地旅客群体为主的机场。

（二）按年旅客吞吐量划分

按年旅客吞吐量，机场可划分为超大型机场、大型机场、中型机场和小型机场。
（1）超大型机场：年旅客吞吐量大于等于8 000万人次。
（2）大型机场：年旅客吞吐量在2 000万～8 000万人次。
（3）中型机场：年旅客吞吐量在200万～2 000万人次。
（4）小型机场：年旅客吞吐量小于200万人次。

省会城市和部分大中城市的机场一般是中型及以上的机场，中小城市的机场一般是小型机场或中型中较小的机场。通常将枢纽机场、大型机场和中型机场中较大的机场称为干线机场，小型机场和中型机场中较小的机场称为支线机场。

（三）按所在城市的地位和性质划分

1. I 类机场

I类机场位于全国政治、经济、文化中心城市，是全国航空运输网络和国际航线的枢纽。这类机场运输业务量特别大，飞行区等级为4E及以上，除承担直达客货运输外，还具有中转功能，如北京首都国际机场、上海浦东国际机场、广州白云国际机场等。

2. II 类机场

II类机场位于省会、自治区首府、直辖市和重要经济特区、开放城市和旅游城市，或经济发达、人口密集城市。这类机场可以全方位建立跨省、跨地区的国内航线，飞行区等级一般为4D，是区域或省内航空运输的枢纽，有的也可开辟少量国际航线，如成都双流国际机场、西安咸阳国际机场、昆明长水国际机场等。

3. III 类机场

III 类机场位于国内经济比较发达的中小城市,或一般的对外开放城市和旅游城市。这类机场能与省、区中心城市的机场建立航线,如扬州泰州国际机场、舟山普陀山机场等。

4. IV 类机场

IV 类机场多分布于经济欠发达地区、交通不便地区或旅游资源有待深度开发的地区,主要承担短途运输任务,对完善航空运输网络、促进区域协调发展具有重要意义,如一些县级城市或偏远地区的小型机场。

四、空港城市和机场的三字代码

三字代码是由国际航空运输协会(英文简写为 IATA)制定的,由 3 个英文大写字母组成,用于唯一标识空港城市和机场,被广泛应用于航空公司运营、机场地面服务、客货销售、空运生产量统计等诸多民航业务场景,具有唯一性且为国际民航界所认可。登机牌、行李条、航空货物运单等上面,都有三字代码的身影。

三字代码的构成遵循一定的规律,通常以英文(或汉语拼音)地名的部分字母组成。例如,悉尼(Sydney)、墨尔本(Melbourne)和珀斯(Perth)的城市和机场三字代码分别为 SYD、MEL 和 PER,我国珠海(Zhuhai)、武汉(Wuhan)、徐州(Xuzhou)的城市和机场三字代码分别是 ZUH、WUH、XUZ。不过,全世界有大量的机场,若简单以地名中的三个字母生成代码,很容易重复,此时就要做适当的调整。例如,香港(Hong Kong)国际机场若以"HON"作为三字代码,则与美国休伦(Huron)机场重复,所以其三字代码调整为"HKG"。

世界主要空港城市和我国主要机场的三字代码

大多数空港城市只有一个机场,这些城市与机场的三字代码相同。但当一个空港城市存在多个机场时,城市代码和各机场代码就会有所不同。例如,日本东京的城市代码为 TYO,东京拥有东京国际机场和成田国际机场两个机场,东京国际机场的三字代码为 HND,成田国际机场为 NRT;我国上海市起初仅有上海虹桥国际机场,城市与机场的三字代码均为 SHA,之后又建成上海浦东国际机场,其代码为 PVG。

五、机场的四字代码

四字代码是由国际民用航空组织(英文简写为 ICAO)制定的,由 4 个英文大写字母组成。四字代码较少在公共场合使用,主要用于航空运营管理领域,如空中交通管理、飞行计划编制、航空地图标注等。

四字代码有区域性结构，通常首字母代表所属大洲或地理区域，第二个字母代表国家或地区，后面两个字母用于区分具体的城市或机场。对于幅员辽阔或拥有多个海外领土的国家，编码逻辑可能会有所调整。例如，英国机场以 EG 开头；美国大部分机场以 K 开头，但有的机场（如海外领土的机场）则以其他字母开头，如夏威夷机场以 PH 开头；我国机场大多以 Z 开头。

任务实施

（1）任课教师根据本任务所学知识设置若干题目。
（2）选出一名学生担任记分员，其他学生分为三组。
（3）抢答环节：教师给出题目，发出抢答信号后，各组举手抢答。获得抢答资格者，答对得 2 分，答错倒扣 2 分。
（4）教师对每个小组的参与情况给予综合评价。

任务评价

请同学们根据表 2-4 对自己上述任务的实施情况进行评分，并请任课教师评分。

表 2-4　任务实施评价表

考核内容		分值	自评分	师评分
知识	熟悉机场的概念和组成	10		
	熟悉机场的等级和分类	10		
	熟悉空港城市和机场的三字代码	10		
能力	能够准确判断机场的等级和类型	20		
	能够快速写出空港城市和机场的三字代码	20		
素质	与小组成员协作良好，具有良好的团队精神	15		
	具备较好的总结整理能力和语言表达能力	15		
合计		100		
总分（自评分×40%＋师评分×60%）				

任务三 熟悉航空公司的基本知识

知识目标

- 熟悉航空公司的概念。
- 熟悉常见航空公司的二字代码和三字代码。
- 熟悉航空公司运力经济技术指标。

能力目标

- 能够快速、准确识别常见航空公司的代码。
- 能够综合运用各项指标判断航空公司的运力。

素质目标

- 掌握科学的记忆方法，提升识记能力。
- 提升洞察力，强化综合分析能力，更好地把握事物的本质与发展规律。

任务导入

截至 2024 年 12 月 15 日，我国航空公司 2024 年完成的旅客运输量超过 7 亿人次，达到 70 048 万人次，日均旅客运输量超过 200 万人次，同比增长 18.1%，较 2019 年增长 10.7%，创我国民航发展历史新高。

我国航空公司运输生产主要呈现以下特点：一是国内市场保持旺盛，截至 2024 年 12 月 15 日，国内航线完成旅客运输量约 6.4 亿人次，同比增长约 13%，较 2019 年同期大幅增长约 14%；二是国际市场加快恢复，2024 年 7 月以来恢复程度连续 5 个月超过 90%，截至 12 月 15 日，国际航线旅客运输量超过 6 000 万人次，同比增长超过 130%，恢复至 2019 年同期约 88%；三是旺季更旺，2024 年春运、暑运期间，民航日均旅客运输量分别完成 210 万人次和 229 万人次，行业单日最高旅客运输量达到 245 万人次，较 2023 年单日最高增长 9.8%；四是行业客座率保持较高水平，行业平均客座率水平超过 83%，同比增长超过 5 个百分点，与 2019 年同期基本持平，行业客座率单日最高接近 88%。

资料来源：李海燕，《创历史纪录！我国航空公司完成的旅客运输量突破 7 亿人次！》，中国民航网，2024 年 12 月 16 日，有改动

> 请思考：我国主要的航空公司有哪些？除了上文提到的旅客运输量和客座率，还有哪些指标可以评价航空公司的运力情况？

一、航空公司的概念

航空公司即公共航空运输企业，是指以营利为目的，使用民用航空器运送旅客、行李、邮件或者货物的企业法人。

企业从事公共航空运输，应当向国务院民用航空主管部门申请领取经营许可证。取得公共航空运输经营许可，应当具备下列条件：

（1）有符合国家规定的适应保证飞行安全要求的民用航空器。
（2）有必需的依法取得执照的航空人员。
（3）有不少于国务院规定的最低限额的注册资本。
（4）法律、行政法规规定的其他条件。

公共航空运输企业应当以保证飞行安全和航班正常、提供良好服务为准则，采取有效措施，提高运输服务质量；应当教育和要求本企业职工严格履行职责，以文明礼貌、热情周到的服务态度，认真做好旅客和货物运输的各项服务工作。

二、航空公司代码

航空公司代码是指用于识别航空公司的英文符号。一个航空公司通常有两种代码：一种是 IATA 规定使用的二字代码，另一种是 ICAO 规定使用的三字代码。

（一）二字代码

二字代码通常由两个字母组成，或数字与字母组合而成。每个航空公司都有唯一的一个二字代码，并被国际民航界认可。例如，中国国际航空股份有限公司的二字代码为 CA，中国东方航空股份有限公司的二字代码为 MU。二字代码在航空运输服务及相关业务中的使用范围很广，在几乎所有的航空运输业务中，都以二字代码表示航空公司或承运人，包括机票预订、值机登机、行李托运、航班信息查询等环节。国内、国际主要航空公司的二字代码如表 2-5 和表 2-6 所示。

表 2-5 国内主要航空公司的二字代码

航空公司名称	二字代码	航空公司名称	二字代码
中国国际航空股份有限公司	CA	中国南方航空股份有限公司	CZ
中国东方航空股份有限公司	MU	北京首都航空有限公司	JD

表 2-5（续）

航空公司名称	二字代码	航空公司名称	二字代码
中国联合航空有限公司	KN	天津航空有限责任公司	GS
山东航空股份有限公司	SC	浙江长龙航空有限公司	GJ
上海航空股份有限公司	FM	春秋航空股份有限公司	9C
上海吉祥航空股份有限公司	HO	四川航空股份有限公司	3U
华夏航空股份有限公司	G5	云南祥鹏航空有限责任公司	8L
深圳航空有限责任公司	ZH	海南航空控股股份有限公司	HU
厦门航空有限公司	MF	香港航空有限公司	HX
国泰航空有限公司	CX	澳门航空股份有限公司	NX
中华航空股份有限公司	CI	长荣航空股份有限公司	BR

表 2-6 国际主要航空公司的二字代码

航空公司名称	所属国家	二字代码
爱琴海航空公司	希腊	A3
加拿大航空公司	加拿大	AC
印度航空公司	印度	AI
新西兰航空公司	新西兰	NZ
全日空航空公司	日本	NH
韩亚航空公司	韩国	OZ
奥地利航空公司	奥地利	OS
巴拿马航空公司	巴拿马	CM
埃及航空公司	埃及	MS
埃塞俄比亚航空公司	埃塞俄比亚	ET
波兰航空公司	波兰	LO
德国汉莎航空公司	德国	LH
北欧航空公司	瑞典、丹麦、挪威	SK
新加坡航空公司	新加坡	SQ
瑞士国际航空公司	瑞士	LX
葡萄牙航空公司	葡萄牙	TP
泰国国际航空公司	泰国	TG
土耳其航空公司	土耳其	TK

表 2-6（续）

航空公司名称	所属国家	二字代码
美国联合航空公司	美国	UA
阿拉斯加航空公司	美国	AS
美国航空公司	美国	AA
英国航空公司	英国	BA
芬兰航空公司	芬兰	AY
西班牙国家航空公司	西班牙	IB
日本航空公司	日本	JL
马来西亚航空公司	马来西亚	MH
澳洲航空公司	澳大利亚	QF
卡塔尔航空公司	卡塔尔	QR
摩洛哥皇家航空公司	摩洛哥	AT
约旦皇家航空公司	约旦	RJ
西伯利亚航空公司	俄罗斯	S7
斯里兰卡航空公司	斯里兰卡	UL
俄罗斯航空公司	俄罗斯	SU
阿根廷航空公司	阿根廷	AR
西班牙欧罗巴航空公司	西班牙	UX
法国航空公司	法国	AF
达美航空公司	美国	DL
印度尼西亚鹰航空公司	印度尼西亚	GA
肯尼亚航空公司	肯尼亚	KQ
荷兰皇家航空公司	荷兰	KL
大韩航空公司	韩国	KE
中东航空公司	黎巴嫩	ME
沙特阿拉伯航空公司	沙特阿拉伯	SV
越南航空公司	越南	VN
巴基斯坦国际航空公司	巴基斯坦	PK
维珍大西洋航空公司	英国	VS
阿联酋航空公司	阿拉伯联合酋长国	EK

（二）三字代码

三字代码由三个字母组成，例如，中国国际航空股份有限公司的三字代码为CCA，中国东方航空股份有限公司的三字代码为CES。三字代码主要应用于空中交通管理、飞行计划编制等航空运营管理领域。

三、航空公司的运力经济技术指标

（一）客（货）运量

客（货）运量是指在一定时期内，航空器实际运送的旅客（货物）的数量，是反映航空运输业为国民经济和人民生活服务情况的指标。其中，客运按人计算，旅客不论行程远近或票价多少，均按一人一次客运量统计，半价票、小孩票也按一人统计；货运按吨计算，货物不论运输距离长短或货物类别，均按实际重量统计。

（二）运输周转量

运输周转量是指运输量与平均运距的乘积，分为旅客周转量和货物周转量两种。

1. 旅客周转量

旅客周转量是反映航空公司一定时期内旅客运输工作量的指标，指旅客人数与运送距离的乘积，以人公里为单位。

2. 货物周转量

货物周转量反映一定时期内，航空公司实际运送的货物吨数与运输距离的乘积，以吨公里为单位。

旅客周转量和货物周转量是航空公司制订运输计划和考核运输任务完成情况的主要依据。

（三）载运率

航班载运率是指航空器执行航班飞行任务时实际业务载量（简称"实际业载"）与可提供的最大业务载运能力（简称"最大业载"）之比，可反映飞机综合载运能力（即客货载运能力）的利用程度，是航班经济效益的重要指标，也是航空公司合理安排航班、确定航班密度的重要依据。航班载运率可用以下两个公式计算：

公式（1）：$航班载运率 = \dfrac{航班实际业载}{航班最大业载} \times 100\%$

公式（2）：$航班载运率 = \dfrac{航线总周转量}{航线最大周转量} \times 100\%$

在计算某一航段的航班载运率时，使用公式（1）较为方便；而计算多航段、多航班的航班平均载运率时，常用公式（2）。

民航小贴士

最大业载是由航空器的最大起飞重量、最大着陆重量、最大无油重量、飞机基本重量和燃油重量等计算得出的。由于航空器的最大起飞重量和最大着陆重量受起飞、着陆时气压、气温、跑道长度和净空条件等因素的影响,所以每次航空器可提供的最大业载存在差异,航班载运率的计算和评估需要结合实际飞行条件动态进行。

任务实施

以小组为单位,根据所学知识,上网查询相关资料,了解常见航空公司的全称、代码和所属国家,并说一说这些航空公司的运力如何。

任务评价

请同学们根据表 2-7 对自己上述任务的实施情况进行评分,并请任课教师评分。

表 2-7 任务实施评价表

	考核内容	分值	自评分	师评分
知识	熟悉航空公司的概念	10		
	熟悉常见航空公司的代码	20		
	熟悉航空公司运力经济技术指标	20		
能力	能够综合运用各项指标判断航空公司的运力	20		
素质	具备较好的资料收集能力和分类整理能力	15		
	具备较好的综合分析能力	15		
合计		100		
总分(自评分×40%+师评分×60%)				

项目二 航空运输布局的构成要素

任务四 熟悉航空运输布局的影响因素

知识目标

➢ 熟悉地理位置、自然条件、经济条件、政治条件、科技条件和人口条件等对航空运输布局的影响。

能力目标

➢ 能够综合分析某一地区航空运输布局的现状及发展趋势。

素质目标

➢ 培养宏观思维和综合分析能力。

任务导入

青岛胶东国际机场（见图 2-6）是山东省首座 4F 级机场、中国民航首批 18 个"智慧型机场"示范项目之一，被定位为"世界一流、国内领先"的东北亚国际枢纽机场。从选址来看，青岛胶东国际机场具有独特的优势。

图 2-6 青岛胶东国际机场

首先，机场选址符合青岛市总体空间发展战略。机场位于大沽河以西、东外环以东，距青岛市中心约 39 km，位于大青岛现代化城市框架的中间地带，航空服务区位优势明显。此外，通过布局调整和技术改进后，机场空域优势相对突出，具备建设大型百年机场的条件。

其次，从产业优势上看，机场位于青岛北部高端产业集聚区以北，该产业区的主要布局是高端制造业和战略性新兴产业，对航空运输需求旺盛。同时，机场位于东海岸现代服务业核心区和西海岸经济新区之间，对两个重点区域的兼顾作用明显。

再次，机场还坐享综合交通道路网络。胶州境内拥有青银、青兰、沈海3条高速公路，胶济、胶黄、胶新、胶济客运专线4条铁路，已形成纵横交错、四通八达的道路网络，为机场提供了良好的交通条件，利于打造陆空综合交通体系。

最后，机场距离胶州市中心仅11 km左右，有利用市政设施的便利条件，配套引接便利，具备良好的城市依托条件，利于建设综合交通走廊。

> **请思考**：机场选址应考虑哪些因素？

一、地理位置

一个国家、一个地区或一个城市的航空运输发展水平与其所处的地理位置往往有一定的内在联系。地理位置在一定时期内、一定程度上会影响航空运输的布局与发展。例如，新加坡凭借地处东南亚中心、连接印度洋与太平洋的优越地理位置，同时依托先进的机场设施与良好的政策支持，成为重要的航空枢纽；火奴鲁鲁（美国夏威夷州的首府）凭借作为太平洋重要中转站的独特区位，成为重要的航空枢纽。此外，泰国曼谷、印度德里、菲律宾马尼拉、埃及开罗、美国安克雷奇、巴西里约热内卢、澳大利亚悉尼等，以及我国的上海、广州等，都是凭借有利的地理位置，结合自身的基础设施建设、政策扶持等因素，发展成为重要的航空枢纽的。

二、自然条件

自然条件是指影响人类活动的自然环境要素，包括地质地貌、水文气候、生物资源等，这些要素会在一定程度上影响航空运输。

（一）地面自然要素

地形地貌是修建机场和确定航路的重要影响因素。航空运输虽与铁路、公路等运输方式不同，线路在空中，不依赖连续的地面基础设施，但机场和导航台站等的选址建设，以及起落航线的设计等，都对地面自然条件有一定的要求。

通常，机场建设需要宽阔的场地，且要求地势平缓、视野开阔、净空条件好。例如，在崎岖的山区很难找到理想的场址，所以多数大中型机场倾向于建在平原、盆地或宽阔的谷地。同时，还要考虑地质、水文、植被、动物（特别是鸟类）等自然要素的影响，导航台站还要考虑周边电磁环境的影响。此外，机场用地选择必须与城市用地发展方向相协调，并与城市保持适当的距离，防止对城市造成干扰，但与市区之间要有便捷的交通联系。

上海浦东国际机场选址中的鸟类问题

上海市在决定建设虹桥国际机场之外的第二座机场之后，首先进行了机场的选址工作。在进一步论证新机场的选址时，专家很快就确定在浦东川沙建设新机场的方案。因为两个机场要独立运行，在地面的直线距离不宜小于40 km，再加上地势平坦、远离市区等其他因素，选择川沙的东海之滨很快成为共识。

浦东国际机场工程属于特大型项目。浦东国际机场占地面积大、涉及范围广，用地跨越浦东江镇乡、施湾乡，南汇县（现已撤销）祝桥乡、东海乡等，南北长约8 km，东西宽约4 km。然而，该区域在春秋季节是鸻鹬类迁徙路线上的过境栖息地，在冬季则是雁鸭类的越冬栖息地，其生态重要性仅次于长江口的崇明东滩和南汇边滩。为了消除候鸟带来的飞行安全隐患，机场建设者选择在机场安全距离以外的邻近区域进行湿地补偿与栖息地重建。

根据机场周边地区的滩涂湿地调查结果，距离浦东国际机场约15 km的九段沙成为生态工程的理想选址。因为从泥沙堆积的规律看，九段沙本身就具有滩涂成陆的趋势；而从整个长江口的鸟类栖息地分布格局看，九段沙位于崇明东滩与南汇边滩之间，具有成为良好栖息地的潜力。

经过近一年的研究和精心设计，机场建设者于1997年4月在九段沙的中沙人工种植芦苇和互花米草90万平方米，通过形成植物群落来拦截泥沙，促进鸟类适宜栖息地的形成。经过3年连续管理和监测，植物种群生长和扩散良好，候鸟饵料（包括植物种子、块茎、块根、大型底栖动物等）得以增加。迁徙季节时，九段沙上的候鸟显著增加，原栖息地（浦东国际机场及其外侧边滩）的鸟群数量下降了70%以上。生态工程取得初步成功，浦东国际机场也终于通过安全论证顺利动工。

（二）气象气候条件

天气条件在很大程度上决定飞机能否安全、正点运行。天气现象虽千变万化，但也有一定的规律可循，危险天气的产生往往具有地域性和季节性。例如，台风、飓风、热带风暴多产生于赤道地区以外的热带海域；在温带地区，雷暴总是在夏季和初秋频繁出现；在冷流流经的海岸、冰雪覆盖区上空，以及盆地、山谷，常常会出现大雾天气。而且，在不同的气候区，危险天气出现的概率也不同。航路规划时会尽量避开这些危险天气的易发地区。

在机场，飞机起降主要受地面风速、风向、低空风切变、地面与空中能见度、降水等气象因素的制约。气候条件的差异往往决定上述因素的好坏，特别是盛行风向、风速，对机场选址及跑道走向等都有决定性影响。飞机起降的理想条件是逆风，因此跑道的走向一般尽可能与当地的盛行风向一致。

三、经济条件

经济因素是航空运输布局和发展最重要的影响因素，具体包括经济发展水平、经济开放度、产业结构和相关行业。

（一）经济发展水平

一个国家或地区的经济发展水平影响当地的经济结构和物资流通量，影响当地居民的收入和消费水准，进而影响当地的航空运输需求。一般来说，经济增长，航空运输量往往也会随之增长。从目前航空运输的生产布局来看，大多数经济发达国家和地区的航空运输业也相对发达。

（二）经济开放度

一个国家或地区的经济开放程度对航空运输布局有着重要影响。一般来说，经济开放度高的国家或地区，其航空运输发展往往较为迅速，而经济相对封闭的国家或地区，其航空运输发展往往会受到一定的限制。

在全球经济一体化的今天，专业化分工日益精细，一件产品的生产，往往需要多个国家和地区的协作。专业化协作对物流的准时性和精确性提出极高的要求，而航空运输凭借高效、快捷的特点，成为能够满足这一需求的重要物流方式。我国自改革开放以来，对外经济联系不断加强，有力推动了航空运输业的快速发展。尤其在经济开放度高、对外贸易活跃的东部沿海地区，航空运输业发展更为迅速。

虽然我国航空运输业在改革开放后整体实现了快速发展，但在众多机场中，除北京、上海、广州等少数枢纽国际机场所在地区对外经济联系紧密、国际客货需求旺盛外，大部分国际机场所在地区受地理位置、产业结构等因素的制约，对外经济联系程度相对较低，国际客货运输需求相对不足。

（三）产业结构

一般来讲，经济越发达的国家和地区，第二产业和第三产业所占比例越高，航空运输需求越旺盛。在工业生产领域，电子、电器、精密仪器等资金与技术密集型高新技术产业，往往聚集在大型国际枢纽机场周围，借助便利的航空运输条件，形成"临空型"工业区。

（四）相关行业

任何行业都不可能脱离其他行业而孤立存在，航空运输业也不例外。例如，旅游、对外贸易、劳务输出等行业的发展状况会显著影响航空运输布局和航空运输业的发展，由于这些行业对航空运输具有较高的依赖程度，因此它们又被称为航空密集型行业。反过来，发达的航空运输业凭借高效便捷的运输优势，也会吸引这些航空密集型行业在机场周边集聚，助力形成完整的产业供应链，繁荣机场经济圈。由此可见，航空运输业与这些行业是相辅相成的关系。

四、政治条件

在某些特定情形下，政治因素能够对整个国家或地区的经济发展与生产布局产生关键影响。作为开展政治、外交活动的重要工具，航空运输受政治因素的影响不容小觑。例如，若两国（或地区）关系融洽，政治、文化交流频繁，经贸往来活跃，那么航空旅客运输需求往往较为旺盛；反之，航空旅客运输需求则相对低迷。

社会的政治局势与稳定程度同样对航空运输业的发展有着重大影响。当政治局势稳定、社会秩序安定、经济稳步增长、民众生活富足时，航空运输业往往能够实现健康、快速发展；反之，航空运输业可能陷入发展困境，出现业务萎缩的局面，甚至部分企业面临倒闭风险。

五、科技条件

科学技术的发展往往会对生产布局产生一定的影响，重大的科技成果常常能够突破某些自然条件和经济条件的限制，进而改变生产布局。自 20 世纪初航空运输业诞生以来，随着科技的进步，飞机性能不断提升，地面设备持续完善，航线状况日益优化。这些变化促使航空运输业的运力不断增强，服务范围不断拓展。

六、人口条件

人口既是航空运输的服务对象，也是航空运输业发展所需的劳动力资源。

作为航空运输的服务对象，人口数量、密度、收入水平、空间分布及迁移流动等，均会对航空运输布局产生重要影响。在既定的社会经济条件下，某地区人口总数越多、密度越大、平均收入越高，航空运输需求往往越旺盛；反之，航空运输需求则相对低迷。我国地域广袤，受探亲、商务出行等需求的驱动，形成大规模的往返客流。特别是对于长距离出行需求，航空运输凭借高效便捷的优势，成为首选交通方式，为航空客运市场创造了可观的需求。

作为航空运输业的劳动力资源，人口技术水平和文化素质至关重要。航空运输属于技术密集型行业，要求从业人员具备较高的文化素养和专业技术能力。在文化教育发达、科技水平较高的地区，劳动力素质普遍较高，能够为航空运输业发展提供有力支撑；而在文化教育和科技发展相对滞后的地区，航空运输业的发展可能会因从业人员素质不足而受到制约。

任务实施

【任务一】知识抢答：
（1）任课教师根据本任务所学知识设置若干题目。
（2）选出一名学生担任记分员，其他学生分为三组。
（3）抢答环节：教师给出题目，发出抢答信号后，各组举手抢答。获得抢答资格者，答对得2分，答错倒扣2分。
（4）教师对每个小组的参与情况给予综合评价。

【任务二】以北京市为例，分析其经济条件、政治条件、科技条件和人口条件等对当地航空运输布局的影响。

任务评价

请同学们根据表2-8对自己上述任务的实施情况进行评分，并请任课教师评分。

表2-8　任务实施评价表

考核内容		分值	自评分	师评分
知识	熟悉影响航空运输布局的因素	30		
能力	能够灵活运用所学知识分析各因素对北京市航空运输布局的影响	30		
素质	具备较好的语言表达能力	20		
	具备较好的综合分析能力	20		
合计		100		
总分（自评分×40%+师评分×60%）				

项目学习效果综合测试

一、填空题

1. 根据飞机飞行起止点和经停点地理位置的不同，航线可分为_____、_____和_____三大类。

2. 根据飞机飞行起止点之间的通航方式，目前航线网络的结构大致有_____、_____和_____三种。

3. 机场一般由_____、_____和_____构成。

4. 飞行区等级指标包括指标Ⅰ和指标Ⅱ。指标Ⅰ是指_____，指标Ⅱ是指_____。

5. 一个航空公司通常有两种代码：一种是_____，另一种是_____。

6. 航空公司的运力经济技术指标包括_____、_____和_____。

二、单项选择题

1. 飞机从始发地至目的地的途中经一次或多次停留，在中途机场进行客货补充的航线结构形式是（　　）。

    A．城市对式　　　　　　　　B．城市串式

    C．中枢辐射式　　　　　　　D．枢纽式

2. 机场飞行区等级最高为（　　）级。

    A．4C　　　　B．4D　　　　C．4E　　　　D．4F

3. 大型机场的年旅客吞吐量为（　　）。

    A．≥8 000万人次　　　　　　B．2 000万~8 000万人次

    C．200万~2 000万人次　　　 D．＜200万人次

4. 上海浦东国际机场的三字代码是（　　）。

    A．SHA　　　B．PEK　　　C．TAO　　　D．PVG

5. 在影响航空运输布局的主要因素中，产业结构属于（　　）。

    A．自然因素　　　　　　　　B．社会因素

    C．经济因素　　　　　　　　D．技术因素

三、简答题

1. 中枢辐射式航线结构具有哪些优点？
2. 地理位置是如何影响航空运输布局的？

项目学习成果评价

请同学们结合课上学习情况、任务实施和项目学习效果综合测试的完成情况,按照表 2-9 的评价标准自评和互评,并请任课教师给予总体评价。

表 2-9　项目学习成果评价表

考核内容	评价标准	分值	评价得分 自评	评价得分 互评	评价得分 师评
能力评价	能够准确判断某一航线的类型,并能够根据航线网络结构的优缺点判断某一地区适用的航线网络结构	10			
	能够准确判断机场的等级和类型	10			
	能够综合运用各项指标判断航空公司的运力	10			
	能够综合分析某一地区航空运输布局的现状及发展趋势	10			
知识评价	熟悉航线的定义和分类,以及航线网络的结构	10			
	熟悉机场的概念、组成、等级和分类,以及空港城市和机场的三字代码	10			
	熟悉航空公司的概念、运力经济技术指标,以及常见航空公司的二字代码和三字代码	10			
	熟悉地理位置、自然条件、经济条件、政治条件、科技条件和人口条件等对航空运输布局的影响	10			
素养评价	能够主动学习专业知识、练就专业技能,为投身我国航空服务体系建设打下良好的基础	10			
	具备良好的识记能力、洞察力和综合分析能力	10			
总评	自评 × 30% + 互评 × 30% + 师评 × 40%				
教师评价					

教师(签名):

项目三

中国航空运输布局

 项目导读

上一个项目系统阐述了航空运输布局的构成要素和影响航空运输布局的因素，本项目将聚焦我国的航空运输布局展开分析，具体包括：我国国际、国内航线的分布特征及主要航线，东北、华北、华东、中南、西南、西北、新疆七大航空区主要的空港城市、机场和航空公司，以及港澳台地区主要的机场和航空公司。

 学习目标

➢ 熟悉我国的航线分布。
➢ 熟悉东北、华北、华东、中南、西南、西北、新疆等地区主要的空港城市、机场和航空公司，以及港澳台地区主要的机场和航空公司。

航空运输地理

任务一　熟悉中国的航线分布

知识目标
- 熟悉我国国际航线的分布特征，以及我国主要的国际航线。
- 熟悉我国国内航线的分布特征，以及我国主要的国内航线。

能力目标
- 能够说出我国主要的国际与国内航线，并准确分析它们的分布特征。

素质目标
- 培养全局意识和系统思维，既能从整体上精准把握我国国际和国内航线的特征，又能深入理解每条航线在区域经济、文化交流、国际贸易等方面的独特作用。

任务导入

2024年11月15日6:15，HU735航班从海口美兰国际机场（以下简称"美兰机场"）顺利起飞前往阿联酋迪拜，海口—迪拜航线正式开通。这是继阿联酋阿布扎比航线后，美兰机场在2024年开通的第二条阿联酋航线，为海南自贸港与中东地区深化合作创造了有利条件。

据了解，该航线由海南航空运营，每周二、周五执飞。由海口飞往迪拜的HU735航班计划6:15从美兰机场起飞，预计10:55抵达迪拜国际机场；由迪拜返回海口的HU736航班计划13:00从迪拜国际机场出发，预计次日00:20抵达美兰机场，航程8 h 40 min左右（以上时间均为当地时间）。

迪拜是阿拉伯联合酋长国人口最多的城市，是中东地区的经济金融中心，同时也是中东地区旅客和货物的主要运输枢纽。海口—迪拜航线的开通，进一步巩固了中阿经贸往来的空中通道，为中阿两国旅客提供了更为便捷的出行服务。

据悉，迪拜航线开通后，美兰机场可通达泰国曼谷、新加坡、俄罗斯莫斯科、美国西雅图等24个国际及地区城市。后续美兰机场将紧密围绕面向太平洋、印度洋的航空区域门户枢纽建设目标，不断织密国内航线网络，加大国际市场开拓力度，积极推动第七航权落地实施，为海南自贸港与全球互联互通贡献力量。

资料来源：《海口⇌阿联酋迪拜航线开通》，海南省人民政府官网，2024年11月17日，有改动

项目三　中国航空运输布局

> 请思考：我国飞往世界各地的航线还有哪些？这些航线的分布有何特征？

一、我国的国际航线

（一）我国国际航线的分布特征

（1）我国国际航线以北京、上海、广州三大国际空港城市为核心枢纽，以大连、青岛、厦门、深圳等重要沿海城市，成都、西安、杭州、南京、武汉、长沙等重要内地城市，以及哈尔滨、乌鲁木齐、昆明等沿边城市为次级节点，分别向其他国家辐射，形成多个方向的航线网络。

（2）我国国际航线主要呈东西走向，向东连接日本、韩国、北美洲，向西连接中东、欧洲，向南连接东南亚、大洋洲。

（3）我国国际航线主要集中为中日、中韩、中美及中欧等。由于这些通航国家和地区均位于北半球的中纬度地区，因此我国国际航线成为北半球航空圈带的重要组成部分。

（二）我国主要的国际航线

根据航线分布特征，我国国际航线基本可以分为东线、西线和南线。

1. 东线

东线主要由近程的中日、中韩航线和远程的中国—北美航线组成。

（1）中日航线：是我国目前通航城市较多、航班密度较大、运营航空公司较多的重要国际航线。在中日航线中，日本的主要通航城市有东京、大阪、福冈、名古屋等，中国的主要通航城市有北京、上海、广州、厦门、杭州等。

（2）中韩航线：韩国的主要通航城市有首尔、济州、釜山等，中国的主要通航城市有北京、上海、广州、青岛、沈阳等。目前，仅北京首都国际机场，一天内往往就有超过50班次航班往返于北京与首尔之间。

（3）中国—北美航线：主要指中美航线，还包括中国与加拿大等其他北美洲国家的航线。中美航线是目前我国重要的远程航线，也是竞争最激烈的航线之一。在中美航线中，美国的主要通航城市有旧金山、西雅图、洛杉矶、纽约等，中国的主要通航城市有北京、上海、广州等。

2. 西线

西线大致可分为中国—欧洲航线和中国—中东航线。

（1）中国—欧洲航线：指从我国东部城市向西飞越亚欧大陆，直达或途经中东到达英国、法国、德国、意大利、荷兰等欧洲国家的航线。在中欧航线中，欧洲的主要通航城市有伦敦、巴黎、法兰克福、柏林、罗马、阿姆斯特丹等，中国的主要通航城市有北京、上海、广州、天津、深圳、青岛、沈阳、郑州、西安、杭州、成都等。

（2）中国—中东航线：中东地区主要指亚洲西南部和非洲东北部地区。在中东航线中，中东地区的主要通航城市有迪拜、多哈、利雅得、阿布扎比等，中国的主要通航城市有北京、上海、广州、深圳、成都、西安等。

3. 南线

南线主要包括我国东部城市到东南亚地区、大洋洲及部分太平洋岛屿的航线，是我国重要的中近程国际航线。

东南亚地区的主要通航城市有吉隆坡、马尼拉、雅加达、新加坡、金边、胡志明市、曼谷等，大洋洲及太平洋岛屿的主要通航城市有墨尔本、悉尼、布里斯班、塞班、奥克兰等，中国的主要通航城市有北京、上海、广州、厦门、深圳等。

除以上主要通航城市的航线外，还有一些沿边地区的短程国际航线，如昆明—仰光、南宁—河内等。

二、我国的国内航线

（一）我国国内航线的分布特征

（1）我国国内航线集中分布于哈尔滨—北京—西安—成都—昆明一线以东的地区，其中又以北京、上海、广州三大航空枢纽形成的三角地带最为密集。

（2）我国国内航线大多以大、中城市为中心向外辐射，由若干个放射状的系统相互连通，共同形成国内航空网络。

（3）我国国内航线多呈南北向分布。在此基础上，又有部分航线从沿海向内陆延伸，呈东西向分布。

（二）我国主要的国内航线

根据航线分布特征，我国国内航线可分为若干个辐射系统，每一个系统均以某个机场为中心向外辐射。我国主要有以下几个重要的辐射系统。

1. 以北京为中心的辐射航线

以北京为中心的辐射航线主要有北京—广州、北京—上海、北京—西安、北京—成都、北京—昆明。此外，北京还与厦门、杭州、深圳、桂林、哈尔滨、大连、长春、合肥、乌鲁木齐、海口、香港等城市紧密相连，形成强大的航空运输网络。

2. 以上海为中心的辐射航线

以上海为中心的辐射航线主要有上海—广州、上海—桂林、上海—成都、上海—西安、上海—哈尔滨。此外，上海还与大连、武汉、福州、厦门、重庆、昆明、乌鲁木齐、海口、拉萨、香港等城市保持着频繁的航空往来，进一步巩固了它在国内航空运输网络中的核心地位。

3．以广州为中心的辐射航线

以广州为中心的辐射航线主要有广州—北京、广州—上海、广州—成都、广州—桂林、广州—昆明。此外，广州与南昌、南京、南宁、沈阳、大连、长春、西安、海口、重庆、乌鲁木齐等城市的航线，也在区域经济合作和人员往来中起着关键作用。

4．以香港为中心的辐射航线

以香港为中心的辐射航线主要有香港—北京、香港—上海、香港—大连、香港—天津、香港—青岛、香港—杭州、香港—福州、香港—昆明、香港—西安、香港—重庆、香港—成都等。

任务实施

（1）全班同学自由分组，每组 6～8 人。

（2）以北京、上海和广州三座城市为例，各组上网查询"航班时刻表"，归纳总结三座城市可直飞到达的国际和国内城市，并分析国际和国内航线的分布特征。

任务评价

请同学们根据表 3-1 对自己上述任务的实施情况进行评分，并请任课教师评分。

表 3-1　任务实施评价表

考核内容		分值	自评分	师评分
知识	熟悉我国主要的国际和国内航线	15		
	熟悉我国国际和国内航线的分布特征	15		
能力	能够较为全面地列举国际、国内的主要航线	25		
	能够准确分析国际和国内航线的分布特征，并清晰、流畅地阐述	25		
素质	具备良好的团队精神和沟通协作能力	10		
	具备较好的资料查找和整理能力	10		
合计		100		
总分（自评分 × 40% + 师评分 × 60%）				

任务二　熟悉东北地区主要的空港城市、机场和航空公司

知识目标

- 熟悉东北地区主要的空港城市。
- 熟悉东北地区主要的机场。
- 熟悉东北地区主要的航空公司。

能力目标

- 能够准确而熟练地说出东北地区主要空港城市在地理位置、自然条件、经济条件等方面的优势，主要机场的位置、特点和运力，主要航空公司的总部位置和主运营基地。

素质目标

- 关注民航行业新技术、新政策、新趋势，具备自主学习和终身学习能力。

任务导入

2025年1月16日，中国民用航空东北地区管理局组织召开2025年东北民航工作会议暨安全工作会议。会议以全国民航工作会议和航空安全工作会议精神为指引，总结回顾2024年工作，分析当前面临的形势，部署2025年重点工作任务。

会议指出，2024年，全区机场完成航班运输起降66万架次、旅客吞吐量9 330.4万人次、货邮吞吐量64.1万吨，同比分别增长7.4%、15.8%、10%。哈尔滨、长春、沈阳和大连机场旅客吞吐量同比分别增长14.4%、13.7%、15.5%、19.6%。

会议明确了2025年东北民航五个方面的工作任务：一是坚持安全第一，以更加坚定的责任担当确保绝对安全，以更加完善的体系建设强化系统安全，以更加鲜明的目标导向抓好过程管控，以更加严格的责任落实防范风险和治理隐患，以更加扎实的队伍建设夯实安全基础，以更加有为的安全监管引领效能提升，坚决守牢东北民航安全底线；二是保持定力韧劲，以高水平规划引领高质量发展，积极服务新时代东北全面振兴战略，以高品质建设保障高质量发展，以高标准融合促进高质量发展，持续推动东北民航高质量发展；三是服务航空运输，聚焦运行保障能力提升，聚焦运行治理能

项目三　中国航空运输布局

力提升，聚焦服务旅客能力提升，聚焦重大保障能力提升，全面提升东北民航运行效率和服务品质；四是不断提高治理能力，完善治理体系、提升行政效能，坚持依法行政、确保服务质效，加强能力建设、提高保障水平，以高质量政务服务保障高质量发展；五是全面加强党的建设，深化实化党建共建成效，强化思想政治引领，以高质量党建引领高质量发展。

资料来源：《2025 年东北民航工作会议暨安全工作会议召开》，中国民用航空局官网，2025 年 1 月 17 日，有改动

请思考：东北地区主要有哪些空港城市和机场？这些机场的基础设施和运力如何？

一、区域概况

中国民用航空东北地区管理局负责管理辽宁省、黑龙江省、吉林省的航空事务。东北地区资源丰富、文化繁荣，是一个以汉族为主、多民族文化深度融合的区域。

民航智慧园

我国的航空区划

我国幅员辽阔，为便于管理民用航空运输（包括机场建设、运力调整等），以获得最佳的经济效益和社会效益，有必要对全国民用航空运输区域进行划分。目前，我国航空运输区域共分为七大地区：华北地区、华东地区、西北地区、西南地区、中南地区、东北地区和新疆。民航局下属七大地区管理局分别负责这七大地区的管理。

东北地区管理局：管辖辽宁省、黑龙江省、吉林省。

华北地区管理局：管辖北京市、天津市、河北省、内蒙古自治区、山西省。

华东地区管理局：管辖上海市、山东省、江苏省、安徽省、浙江省、江西省、福建省。

中南地区管理局：管辖广东省、广西壮族自治区、湖北省、湖南省、河南省、海南省。

西南地区管理局：管辖重庆市、四川省、贵州省、云南省、西藏自治区。

西北地区管理局：管辖陕西省、甘肃省、青海省、宁夏回族自治区。

新疆管理局：管辖新疆维吾尔自治区。

二、主要的空港城市

（一）沈阳市

沈阳市是辽宁省的省会、副省级市、国家区域中心城市，位于辽宁省中部，面积约为1.3万平方千米，是东北地区的经济、文化、交通和商贸中心，是中国的工业重镇。沈阳市属温带半湿润大陆性气候，温差较大，四季分明，年平均气温为6.2～9.7℃，降水集中在夏季。

沈阳市是辽宁省重要的"米袋子"和"菜篮子"生产基地，形成粮油、畜禽等一批优势产业；有装备制造业、原材料工业、现代服务业、数控机床产业、航空发动机研发制造业、汽车整车及零部件产业等工业门类。

沈阳市是我国著名的历史文化名城和首批中国优秀旅游城市，现存古遗址、古城址、古墓葬、古建筑、烽火台、边墙，以及历史纪念物、革命纪念物超400处。其中，沈阳故宫（见图3-1）集汉、满、蒙三个民族的建筑风格于一体，在中国宫殿建筑中别具风采，于2004年被列入《世界遗产名录》。

图3-1　沈阳故宫

（二）大连市

大连市位于辽东半岛最南端，东濒黄海，西临渤海，南与山东半岛隔海相望，北依辽阔的东北平原，面积约为1.28万平方千米，是重要的贸易、工业、旅游城市。大连市属具有海洋性特点的暖温带大陆性季风气候，冬无严寒，夏无酷暑，四季分明，年平均气温为10.5℃。

大连市主产粮、油、菜、果、蚕、肉、蛋、奶，盛产多种鱼、虾、蟹、贝、藻；有石油化工、船舶制造、内燃机车、冷冻设备、重型装备、机床工具、汽车及零部件、光电产业、软件产业、服装纺织、精品钢材等工业门类。

大连市是首批中国优秀旅游城市，不仅有丰富的中国近代人文历史旅游资源，还有许多风景奇秀的自然旅游资源。人文景观主要有旅顺日俄监狱旧址博物馆、白玉山景区、东鸡冠山景区等，自然景观主要有老虎滩海洋公园、金石滩国家旅游度假区（见图3-2）、大黑山景区、西郊国家森林公园等。

图3-2　金石滩国家旅游度假区

（三）哈尔滨市

哈尔滨市是黑龙江省的省会、副省级市，是中国东北北部政治、经济、文化中心，位于黑龙江省西南部，面积约为5.31万平方千米。哈尔滨市属中温带大陆性季风气候，夏季平均气温为22.3℃，冬季平均气温为-14.6℃，冬长夏短。

哈尔滨市以种植大豆、马铃薯、亚麻、甜菜、水稻等为主，是国家商品粮基地；工业体系门类齐全，以机电工业为主，以汽车、食品、医药、电子信息制造等为支柱产业，信息、环保、焊接技术、新材料等新兴产业发展迅速，是中国重要的工业基地。

哈尔滨市是国家历史文化名城，多元文化荟萃，是一座欧陆风情浓郁的城市，市区保留有巴洛克式、拜占庭式、哥特式等一大批历史建筑，被誉为"东方莫斯科""万国建筑博物城"；是享誉中外的冰雪艺术之都，连续多年被评为全国十佳冰雪旅游城市第1名，如图3-3所示。

图3-3　哈尔滨冰雪大世界

三、主要的机场

（一）沈阳桃仙国际机场

沈阳桃仙国际机场（ICAO 代码为 ZYTX，IATA 代码为 SHE，见图 3-4）位于沈阳市南郊桃仙镇，距沈阳市中心约 20 km，占地面积约 382 万平方米。机场拥有 T1、T2、T3 三座航站楼（目前 T1、T2 航站楼停止运行），一条长 3 200 m、宽 45 m 的跑道。

图 3-4　沈阳桃仙国际机场

沈阳桃仙国际机场是中国一级干线机场、东北地区航空运输枢纽。该机场为辽宁省中部沈阳、抚顺、本溪、铁岭、辽阳等大中城市的共用机场，是辽宁省对外交流的重要窗口，对提升沈阳市乃至辽宁省的形象具有重要的促进作用。目前，沈阳桃仙国际机场已基本形成覆盖全国，通达日本、韩国、东南亚、欧洲等的航线网络。

翼展风采

C919 国产大飞机成功落地沈阳桃仙国际机场

2025 年 3 月 30 日 11:20，东航 MU6339 航班平稳降落在沈阳桃仙国际机场，标志着东北地区正式迎来首架 C919 国产大飞机，这是辽宁省与东航集团签署战略合作框架协议后的又一重要成果。此次 C919 成功落地沈阳，不仅充分展现了中央企业发挥资源优势，为辽宁省全面振兴新突破三年行动注入强劲动能，更标志着东北民航正式开启国产大飞机商业化运营新篇章。

当日，沈阳桃仙国际机场以民航"水门礼"为"国之重器"接风洗尘，工作人员为首航进出港旅客送上东航 C919 飞机模型、辽沈文旅特色伴手礼等，并向首航机组人员送上鲜花，以最高礼遇迎接国产大飞机新成员正式加入东北民航网络。

东航作为国产大飞机 C919 的全球首发航司，是 C919 运营规模最大的航司，更是 C919 执飞航点最多的航司。沈阳成为东航 C919 通航的第 10 座城市，此次 C919

机型执飞的固定航线为上海虹桥—沈阳，航班号为 MU6339/6340，计划每日一班往返。进港航班 MU6339 于 9:10 从上海虹桥起飞，11:40 落地沈阳；出港航班 MU6340 于 12:55 从沈阳起飞，15:40 落地上海虹桥。

沈阳桃仙国际机场是东北地区重要的航空枢纽，基础设施完备，能够满足 C919 大型客机的起降、停靠、维护等需求。为全面做好国产大飞机航班保障工作，沈阳桃仙国际机场提前组织运行、机务、地服、廊桥等地面保障岗位人员赴东航开展 C919 相关保障业务培训，与东航沈阳营业部深度对接，多次召开业务沟通交流会，量身制定《沈阳桃仙国际机场 C919 运行保障方案》，从协调过站时间、优化滑行路线，到全面细化旅客保障流程，全方位保证 C919 能够在最安全有利的条件下运行。

随着出港航班 MU6340 腾空而起，C919 的机翼再次掠过沈阳的天际，沈阳桃仙国际机场塔台传来深情祝福："东航 C919 您好，沈阳桃仙国际机场预祝东航 C919 沈阳首航飞行圆满成功。山海有情，天辽地宁！祝国产大飞机事业航程万里！"

沈阳桃仙国际机场负责人表示，以此次 C919 的落户为契机，沈阳桃仙国际机场将坚定不移推动枢纽机场建设，在优化航线网络上下功夫，紧紧围绕"三区两群一港"枢纽布局，持续做强快线、完善干线、拓展支线、加密国际地区航班航线，更好服务国家重大战略实施、服务区域经济社会发展、服务人民群众便捷高效航空出行，坚决打好打赢决胜之年决胜之战，为辽宁省实现全面振兴新突破贡献民航力量。

资料来源：叶攀，《C919 国产大飞机成功落地沈阳桃仙机场》，

中国新闻网，2025 年 3 月 30 日，有改动

（二）大连周水子国际机场

大连周水子国际机场（ICAO 代码为 ZYTL，IATA 代码为 DLC，见图 3-5）位于大连市甘井子区，面积约为 345 万平方米，航站楼面积约为 15.2 万平方米，跑道长 3 300 m，达到 4E 级机场标准，可供除 F 类以外各种大型飞机安全起降，是东北地区进境口岸资质最为完善的机场之一。

图 3-5　大连周水子国际机场

大连周水子国际机场是辽宁省南北两翼的重要空港之一，目前已基本形成覆盖全国，辐射日本、韩国、泰国、越南、俄罗斯等的航线网络。

翼展风采

大连新机场命名为大连金州湾国际机场

民政部于 2024 年 1 月 22 日发布公告：经中国民用航空局批准，大连新机场命名为大连金州湾国际机场。

大连金州湾国际机场位于大连金州湾东部海域，东至大连市金州区友谊街道、光中街道（隔海相邻），西至渤海，南至大连市甘井子区革镇堡街道、大连湾街道（隔海相邻），北至渤海，距离大连周水子国际机场约 18 km、大连市中心约 22 km。大连金州湾国际机场是国内首个离岸式"人工岛"机场，采用填海造地方式形成建设用地。机场按照运行等级 4F 标准设计，规划建设 4 条跑道、90 万平方米航站楼，如图 3-6 所示。

图 3-6　大连金州湾国际机场规划图

2023 年 10 月，大连金州湾国际机场项目开工动员大会举行，标志着该项目前期工作取得阶段性进展，新机场建设进入"实战"阶段。

项目分两期建设，一期工程规划建设 2 条分别长 3 600 m、3 400 m 的远距平行跑道，50 万平方米的 T1 航站楼，可满足年旅客吞吐量 4 300 万人次、货邮 55 万吨、航班起降 33 万架次的使用需求。远期工程规划扩建 2 条跑道、40 万平方米航站楼，可满足年旅客吞吐量 8 000 万人次、货邮 150 万吨、航班起降 54 万架次的使用需求。

大连金州湾国际机场建成后，大连周水子国际机场客、货运航班将搬迁至此。机场建成后，将对大连加快建设东北亚国际航运中心、国际物流中心、区域性金融中心，积极打造东北海陆大通道具有重要意义。

资料来源：张燕玲，《大连新机场命名为大连金州湾国际机场》，中国新闻网，2024 年 1 月 22 日，有改动

（三）哈尔滨太平国际机场

哈尔滨太平国际机场（ICAO 代码为 ZYHB，IATA 代码为 HRB，见图 3-7）位于哈尔滨市西南约 37 km 处，拥有 T1、T2 两座航站楼（建筑面积分别为 6.4 万平方米、16.25 万平方米），两条跑道（长度分别为 3 200 m、3 600 m，宽度均为 45 m），可满足年旅客吞吐量 3 800 万人次、货邮吞吐量 30 万吨的使用需求。

图 3-7　哈尔滨太平国际机场

哈尔滨太平国际机场是全国十大国际航空枢纽之一，定位为面向俄罗斯远东及东北亚地区的区位门户复合型国际航空枢纽；国内开通有哈尔滨至北京、上海、广州、深圳、郑州、海口、青岛、杭州等多条航线，可满足民众"干干、干支、支支、支通"多样化出行需求。

四、主要的航空公司

东北地区主要的航空公司如表 3-2 所示。

表 3-2　东北地区主要的航空公司

公司名称	总部	主运营基地
中国南方航空股份有限公司北方分公司	沈阳	沈阳桃仙国际机场
中国南方航空股份有限公司黑龙江分公司	哈尔滨	哈尔滨太平国际机场
中国南方航空股份有限公司吉林分公司	长春	长春龙嘉国际机场
中国南方航空股份有限公司大连分公司	大连	大连周水子国际机场
大连航空有限责任公司	大连	大连周水子国际机场

航空运输地理

任务实施

【任务一】以小组为单位,准备一张中国地图(纸质版、电子版均可),请参照地图画出东北地区的大概轮廓,圈出东北地区主要的空港城市。

【任务二】以小组为单位,上网查阅沈阳桃仙国际机场、大连周水子国际机场和哈尔滨太平国际机场近两年的相关资料,说一说这三个机场各有哪些特色航线、运力分别如何,并派一人在班内分享组内讨论结果。

一文掌握东北地区主要的空港城市、机场和航空公司

任务评价

请同学们根据表 3-3 对自己上述任务的实施情况进行评分,并请任课教师评分。

表 3-3 任务实施评价表

考核内容		分值	自评分	师评分
知识	熟悉东北地区主要的空港城市	15		
	熟悉东北地区主要的机场	15		
能力	能够较为准确地画出东北地区的轮廓,并圈出主要的空港城市	25		
	能够准确分析东北地区主要机场的航线分布特征和运力	25		
素质	具备良好的知识整合能力和综合分析能力	10		
	具备较好的资料查找和整理能力	10		
合计		100		
总分(自评分 × 40% + 师评分 × 60%)				

项目三　中国航空运输布局

任务三　熟悉华北地区主要的空港城市、机场和航空公司

知识目标

- 熟悉华北地区主要的空港城市。
- 熟悉华北地区主要的机场。
- 熟悉华北地区主要的航空公司。

能力目标

- 能够准确而熟练地说出华北地区主要空港城市在地理位置、自然条件、经济条件等方面的优势，主要机场的位置、特点和运力，主要航空公司的总部位置和主运营基地。

素质目标

- 能够从宏观层面把握华北地区主要空港城市的战略定位，理解机场在区域经济发展和国家航空运输网络中的战略作用，形成对航空运输系统与城市协同发展的战略性认知。

任务导入

2025年1月20日，中国民用航空华北地区管理局组织召开2025年工作会议。

会议指出，2024年，全区机场累计完成旅客吞吐量2.01亿人次、货邮吞吐量214.33万吨、飞机起降164.76万架次，同比分别增长20.4%、27.2%、9.5%，促进了行业发展的提质增效。

会议明确了2025年华北局的总体要求，并部署重点工作任务。会议要求贯彻落实全国民航工作会议要求，坚持稳中求进、以进促稳，守正创新、先立后破，系统集成、协同配合，服务国家发展战略，守住航空安全底线，聚焦关键领域和环节，加强党的领导和建设，科学统筹华北民航高质量发展和高水平安全，紧紧围绕推进中国式现代化绘就华北民航新篇章。

资料来源：《华北民航：紧紧围绕推进中国式现代化绘就华北民航新篇章》，

中国民航网，2025年1月20日，有改动

请思考：华北地区主要有哪些空港城市和机场？这些机场的基础设施和运力如何？

一、区域概况

中国民用航空华北地区管理局负责管理北京市、天津市、河北省、山西省、内蒙古自治区的航空事务。华北地区地理位置优越,是连接东北、西北、华东和中南地区的重要枢纽,在全国交通运输中处于中枢地位。

二、主要的空港城市

(一) 北京市

北京市是我国首都,是全国的政治中心、文化中心,地处华北大平原的北部,东面与天津市毗连,其余均与河北省相邻,面积约为 1.64 万平方千米。北京市属暖温带半湿润半干旱季风气候,四季分明,春秋短、冬夏长,冬季寒冷干燥、夏季高温多雨,年平均气温为 11~12℃。

北京市以第三产业为主导,金融、科技服务等领域发展突出;第二产业次之,聚焦高端制造与建筑业;第一产业占比较小,侧重发展现代农业。

北京市是世界著名古都和现代化国际城市,拥有故宫、长城、周口店猿人遗址、天坛、颐和园、明十三陵等众多文物古迹,以及中国国家大剧院、鸟巢(见图 3-8)、水立方等现代化标志性建筑。

图 3-8　鸟巢

(二) 天津市

天津市位于太平洋西岸、华北平原东北部、海河流域下游,东临渤海,北依燕山,西靠北京市,面积约为 1.2 万平方千米,是中蒙俄经济走廊主要节点、亚欧大陆桥最近的东部起点,是连接国内外、联系南北方、沟通东西部的重要枢纽。天津市属暖温带半湿润大陆季风性气候,四季分明,春季多风、干旱少雨,夏季炎热、雨水集中,秋季气爽、冷暖适中,冬季寒冷、干燥少雪,年平均气温为 11~12.2℃。

天津市以装备制造、石油化工、电子信息、轻工纺织、新能源、新材料、生物医药、国防科技、航空航天八大产业为支柱。主导工业以汽车、电子、化工、冶金、机械装备、轻工纺织、制药等为主,先导工业以生物工程、新能源、新材料、环保和航空航天等新兴产业为主。

天津市历史悠久,自然风景和历史名胜众多,包括盘山风景名胜区、梨木台景区、八仙山国家级自然保护区、蓟州溶洞等自然景区,以及古文化街旅游区、五大道文化旅游区(见图3-9)、周恩来邓颖超纪念馆、大沽口炮台遗址博物馆等历史名胜。

图3-9 五大道文化旅游区

三、主要的机场

(一)北京首都国际机场

北京首都国际机场(ICAO代码为ZBAA,IATA代码为PEK,见图3-10)位于北京市朝阳区和顺义区,位于距北京市东北约25 km处,为4F级民用国际机场。机场拥有T1、T2、T3三座航站楼(建筑面积分别为7.88万平方米、35.9万平方米、100.1万平方米),三条跑道(其中两条长度为3 800 m,另一条长度为3 200 m),可满足年旅客吞吐量8 324万人次、货邮吞吐量180万吨、飞机起降58万架次的使用需求。

北京首都国际机场是欧洲、亚洲及北美洲的核心节点,是我国重要的空中门户和对外交流的重要窗口。与此同时,北京首都国际机场所在的京津冀都市经济圈处于环渤海地区和东北亚的核心区域,而它作为京津冀地区重要的枢纽机场,在区域航空运输体系中发挥着关键作用。凭借重要的地理位置和强大的航空服务能力,北京首都国际机场被定位为世界一流大型国际枢纽、中国第一国门、国家门户枢纽。

图 3-10　北京首都国际机场

(二) 天津滨海国际机场

天津滨海国际机场（ICAO 代码为 ZBTJ，IATA 代码为 TSN，见图 3-11）位于天津市东丽区，距天津市中心约 13 km，为 4E 级民用国际机场。机场拥有 T1、T2 两座航站楼（建筑面积分别为 11.6 万平方米、24.8 万平方米），两条跑道（一条长 3 600 m、宽 60 m，另一条长 3 200 m、宽 45 m），可满足年旅客吞吐量 2 500 万人次、货邮吞吐量 100 万吨、飞机起降 22.5 万架次的使用需求。

图 3-11　天津滨海国际机场

天津滨海国际机场是我国区域枢纽机场和国际定期航班机场。作为京津冀世界级机场群的重要组成部分，它凭借完善的基础设施与高效的运营体系，在区域航空运输网络中发挥着关键枢纽作用；它与全球多个城市建立定期直航航线，航线网络广泛覆盖亚洲、欧洲、北美洲等地区。

四、主要的航空公司

华北地区主要的航空公司如表 3-4 所示。

项目三 中国航空运输布局

表 3-4 华北地区主要的航空公司

公司名称	总部	主运营基地
中国国际航空股份有限公司	北京	北京首都国际机场、成都双流国际机场、成都天府国际机场
奥凯航空有限公司	北京	天津滨海国际机场
河北航空有限公司	石家庄	石家庄正定国际机场

 任务实施

【任务一】以小组为单位，准备一张中国地图（纸质版、电子版均可），请参照地图画出华北地区的大概轮廓，圈出华北地区主要的空港城市。

【任务二】以小组为单位，上网查阅北京首都国际机场和天津滨海国际机场近两年的相关资料，说一说这两个机场各有哪些特色航线、运力分别如何，并派一人在班内分享组内讨论结果。

一文掌握华北地区主要的空港城市、机场和航空公司

 任务评价

请同学们根据表 3-5 对自己上述任务的实施情况进行评分，并请任课教师评分。

表 3-5 任务实施评价表

	考核内容	分值	自评分	师评分
知识	熟悉华北地区主要的空港城市	15		
	熟悉华北地区主要的机场	15		
能力	能够较为准确地画出华北地区的轮廓，并圈出主要的空港城市	25		
	能够准确分析华北地区主要机场的航线分布特征和运力	25		
素质	具备良好的知识整合能力和综合分析能力	10		
	具备较好的资料查找和整理能力	10		
	合计	100		
	总分（自评分×40%+师评分×60%）			

航空运输地理

任务四　熟悉华东地区主要的空港城市、机场和航空公司

知识目标

- 熟悉华东地区主要的空港城市。
- 熟悉华东地区主要的机场。
- 熟悉华东地区主要的航空公司。

能力目标

- 能够准确而熟练地说出华东地区主要空港城市在地理位置、自然条件、经济条件等方面的优势，主要机场的位置、特点和运力，主要航空公司的总部位置和主运营基地。

素质目标

- 关注民航行业的新技术、新趋势，具备创新思维和创新能力，能够结合民航发展需求提出创新性发展建议，以自己的力量积极推动空港城市和机场的创新发展。

任务导入

2025年1月13日，中国民用航空华东地区管理局（以下简称"华东局"）召开2025年行业管理工作电视电话会议。会议总结回顾2024年工作，分析当前辖区面临的形势，部署2025年重点任务。

会议指出，2024年，华东地区运输航空安全飞行431.9万小时，同比增长13.8%，实现第31个安全年。47个运输机场共完成旅客吞吐量4.21亿人次，同比增长18.3%；完成货邮吞吐量736.2万吨，同比增长9.2%；完成飞机起降330万架次，同比增长6.8%，总体呈现积极向好态势。

会议要求，2025年华东局将指导辖区从五个方面开展工作：一是筑牢安全根基，努力实现更高水平安全；二是激活内生动力，全面准确贯彻新发展理念；三是汇聚发展合力，提升民航产业战略承载力；四是全面深化改革，积极培育民航新质生产力；五是坚持党的领导，以高质量党建引领高质量发展。

资料来源：《华东局召开2025年华东民航行业管理工作会议》，
中国民用航空局官网，2025年1月17日，有改动

请思考： 华东地区主要有哪些空港城市和机场？这些机场的基础设施和运力如何？

一、区域概况

华东地区包括江苏、浙江、山东、安徽、江西、福建六省，以及上海市。本区人口密度大，城镇分布密集，是我国经济最发达的地区之一，特别是长江三角洲的沪宁杭地区是全国最重要的经济中心区之一。本区与其他区域经济联系紧密，各类交通运输线路分布密集。尤其是上海市，是东部沿海最大的水、陆、空立体交通枢纽。

华东地区农业发达，是我国重要的稻米生产基地和水产品基地，以及棉花、油料等经济作物的产地。区内工业生产水平高，许多工业产品的产量居全国首位。

二、主要的空港城市

（一）上海市

上海市位于中国东部，面向太平洋，西接江苏、浙江两省，北接长江入海口，面积约为 6 340.5 km²。上海市属北亚热带季风性气候，四季分明，日照充分，雨量充沛，春秋较短、冬夏较长。

上海市是我国最大的国际经济中心和重要的国际金融中心。第三产业为上海市的支柱产业，主要包括外贸物流业、金融保险业、信息服务业、旅游业、房地产业及其他新兴服务业，是拉动经济增长的主动力。

上海市是国家历史文化名城，拥有众多的历史古迹，包括中国共产党一大、二大、四大纪念馆，宋庆龄故居纪念馆，豫园等。此外，上海市也是我国主要的旅游城市之一，有100多个国家级旅游景区，包括东方明珠广播电视塔（见图3-12）、上海野生动物园、西沙明珠湖景区等。

图 3-12 东方明珠广播电视塔

（二）南京市

南京市是江苏省省会，位于江苏省西南部、长江下游，面积约为 6 587.04 km²，是我国东部地区重要的中心城市、全国重要的科研教育基地和综合交通枢纽，是长江三角洲特大城市和辐射带动中西部地区发展的重要门户城市。南京市属典型的北亚热带湿润气候，四季分明，雨水充沛，春秋短、冬夏长，年温差较大。

南京市是长江下游重要的农业区域，以水稻、小麦、蔬菜、油料作物为主；是我国重要的综合性工业基地之一，工业部门较齐全，重工业较发达，钢铁、石化、汽车、电子四大支柱产业是南京市经济的"基本盘"。

作为拥有灿烂文化和深厚历史底蕴的古都，南京市拥有众多的名胜古迹，包括栖霞山风景区、钟山风景名胜区—中山陵园风景区、夫子庙—秦淮风光带景区（见图3-13）、雨花台风景区等。

图3-13　夫子庙—秦淮风光带景区

（三）杭州市

杭州市是浙江省省会、长江三角洲中心城市，位于长江三角洲南翼、杭州湾西端，面积约为1.68万平方千米。杭州市属亚热带季风性气候，四季分明，光照充足，雨量充沛，春秋较短、冬夏较长。

杭州市是全国数字经济创新中心和区域性科技创新高地、先进制造业基地、东部现代服务业中心，拥有信息产业集群、高端装备制造产业集群、文化创意产业集群、金融服务产业集群、健康产业集群、时尚产业集群等。

杭州市山水秀美、文物众多，拥有西湖景区（见图3-14）、西溪湿地公园景区、千岛湖景区、京杭大运河等风景名胜区。

项目三　中国航空运输布局

图 3-14　西湖景区

三、主要的机场

（一）上海虹桥国际机场

上海虹桥国际机场（ICAO 代码为 ZSSS，IATA 代码为 SHA，见图 3-15）位于上海市长宁区和闵行区交界处，距市中心约 13 km，为 4E 级民用国际机场，是我国三大门户复合枢纽之一。机场拥有 T1、T2 两座航站楼（建筑面积分别为 13.18 万平方米、36.26 万平方米），两条跑道（一条长 3 400 m、宽 45 m，另一条长 3 300 m、宽 60 m）。

图 3-15　上海虹桥国际机场

上海虹桥国际机场航线网络丰富，以国内航线为主，在国内航空网络中占据重要地位。地区航线和国际航线涵盖港澳台地区及周边亚洲国家和地区（如日本的东京、大阪、名古屋，韩国的首尔、济州岛，等等）。

（二）上海浦东国际机场

上海浦东国际机场（ICAO 代码为 ZSPD，IATA 代码为 PVG，见图 3-16）位于上海市浦东新区祝桥镇，距上海市中心约 30 km，为 4F 级民用国际机场，是我国三大门户复合枢纽之一。机场拥有 T1、T2 两座航站楼（面积分别为 34.6 万平方米、48.6 万平方米），五条跑道（第一跑道长 4 000 m，第二跑道长 3 800 m，第三跑道长 3 400 m，第四跑道长 3 800 m，第五跑道长 3 400 m），可满足年旅客吞吐量 8 000 万人次、货邮吞吐量 570 万吨、飞机起降 65.3 万架次的使用需求。

图 3-16　上海浦东国际机场

上海浦东国际机场不仅有通往我国各地的国内航线，还有连接世界各地的国际航线，包括直飞欧洲、北美洲、大洋洲及亚洲其他国家和地区的航线。

翼展风采

上海浦东国际机场将再添一座航站楼

上海浦东国际机场（以下简称"浦东机场"）将再添一座航站楼，航站楼总面积将超过 170 万平方米，旨在更好服务于长三角互通互联和公众高质量出行，满足基地航空公司中长期发展和枢纽运营需要，全力打造中国式现代化机场样本。

2020 年，民航局发布关于浦东机场总体规划布局调整的批复，按照浦东机场到 2030 年旅客吞吐量 1.3 亿人次、货邮吞吐量 590 万吨、飞机起降 80.5 万架次进行规划调整，在浦东机场卫星厅南侧规划可满足年旅客吞吐量 5 000 万人次使用需求的 T3 航站楼。2022 年 1 月 4 日，浦东机场四期扩建工程开工，包括 T3 航站区地下交通枢纽配套工程和地上工程，以及飞行区工程、货运区工程、市政配套工程、220 千伏变电站、捷运车辆基地及其他配套项目等，预计于 2028 年建成。浦东机场 T3 航站楼于 2024 年 11 月 20 日正式开工，标志着四期工程进入全面建设新阶段。

T3 航站楼建筑外形呈"翱翔"姿态，与 T1、T2 航站楼的"展翅""腾飞"建筑外形相呼应，采用"双主楼与交通中心一体化构型"，南侧主楼运营国际和港澳台地区的航班，北侧主楼运营国内航班，交通中心被双主楼合围。T3 航站楼地面交通按照公交、轨交优先原则，拟引入南北向的机场联络线、地铁 2 号线、南汇支线及东西向的地铁 21 号线等轨道交通。T3 航站楼首创民航枢纽机场示范项目"中转天地"，旅客在楼内可实现不同功能区域的零换乘。T3 航站楼努力减少旅客步行距离和楼层换层，旅客通过安检后前往国际、港澳台航班登机口最远步行距离为 650 m，前往国内航班的最远步行距离为 450 m。

考虑到基地航司的运行需求和功能定位，T3 航站楼设置 90 个近机位，其中有 31 个可转换机位，均为国内机场之最，可满足"100%靠桥率、100%联程航班、100%行李自动分拣、60 min 中转时间"的运营服务目标。同时，旅客在楼内可享受全流程自助的值机、托运、安检、登机服务，境内旅客出境更能"一脸通关"。此外，T3 航站楼首创全国"绿色低碳、健康机场"范本，按照"绿色三星""健康机场"双认证设计，楼内室内自然采光超 4 h/天的公共区域面积比例超过 70%，室内 70%以上的区域实现自然通风，指廊屋面安装国内航站楼最大装机容量的光伏系统。

资料来源：李晔，《浦东机场 T3 航站楼今开工》，上海市人民政府官网，2024 年 11 月 20 日，有改动

（三）南京禄口国际机场

南京禄口国际机场（ICAO 代码为 ZSNJ，IATA 代码为 NKG，见图 3-17）位于江苏省南京市江宁区禄口街道，距离市中心直线距离约 36 km，为 4F 级民用国际机场、区域航空枢纽，是江苏省门户机场、我国十二大干线机场之一、国家一类航空口岸，也是我国大型国际门户和枢纽机场、航空货物与快件集散中心。机场拥有 T1、T2 两座航站楼（建筑面积分别为 16 万平方米、26 万平方米），两条跑道（北跑道长 3 600 m、宽 45 m，南跑道长 3 600 m、宽 60 m），可满足年旅客吞吐量 5 000 万人次、货邮吞吐量 80 万吨、飞机起降 36 万架次的使用需求。

图 3-17　南京禄口国际机场

目前，南京禄口国际机场客运航线覆盖国内 80 多个城市及港澳台地区，国际航线网络覆盖悉尼、墨尔本、米兰、东京、大阪、名古屋、首尔、仁川、新加坡、曼谷、芽庄、河内、吉隆坡等国际城市。

（四）杭州萧山国际机场

杭州萧山国际机场（ICAO 代码为 ZSHC，IATA 代码为 HGH，见图 3-18）位于浙江省杭州市东部，距市中心约 27 km，是中国重要的干线机场、国际定期航班机场、对外开放的一类航空口岸和国际航班备降机场，是华东地区仅次于上海浦东国际机场的第二大航空枢纽，是浙江省第一空中门户。机场有 T1、T2、T3、T4 四座航站楼（建筑面积分别为 9.8 万平方米、9.6 万平方米、16.8 万平方米、72 万平方米），两条跑道（长度分别为 3 400 m、3 600 m）。至 2035 年，预计杭州萧山国际机场年旅客吞吐量达 7 500 万人次，货邮吞吐量突破 180 万吨。

图 3-18　杭州萧山国际机场

目前，杭州萧山国际机场的国内通航点有 100 多个，日均班次达 10 班及以上的航线有十几条，尤其是到北京、广州、深圳的航线；国际航线网络覆盖全球 20 多个国家，如日本、泰国、越南、菲律宾、新西兰、澳大利亚等。

四、主要的航空公司

华东地区主要的航空公司如表 3-6 所示。

表 3-6　华东地区主要的航空公司

公司名称	总部	主运营基地
中国东方航空股份有限公司	上海	上海虹桥国际机场、上海浦东国际机场
上海吉祥航空股份有限公司	上海	上海虹桥国际机场、上海浦东国际机场
春秋航空股份有限公司	上海	上海虹桥国际机场、上海浦东国际机场

项目三　中国航空运输布局

表 3-6（续）

公司名称	总部	主运营基地
浙江长龙航空有限公司	杭州	杭州萧山国际机场
山东航空股份有限公司	济南	济南遥墙国际机场、青岛胶东国际机场

 **任务实施**

【任务一】以小组为单位，准备一张中国地图（纸质版、电子版均可），请参照地图画出华东地区的大概轮廓，圈出华东地区主要的空港城市。

【任务二】以小组为单位，上网查阅上海虹桥国际机场、上海浦东国际机场、南京禄口国际机场和杭州萧山国际机场近两年的相关资料，说一说这四个机场各有哪些特色航线、运力分别如何，并派一人在班内分享组内讨论结果。

一文掌握华东地区主要的空港城市、机场和航空公司

 **任务评价**

请同学们根据表 3-7 对自己上述任务的实施情况进行评分，并请任课教师评分。

表 3-7　任务实施评价表

	考核内容	分值	自评分	师评分
知识	熟悉华东地区主要的空港城市	15		
	熟悉华东地区主要的机场	15		
能力	能够较为准确地画出华东地区的轮廓，并圈出主要的空港城市	25		
	能够准确分析华东地区主要机场的航线分布特征和运力	25		
素质	具备良好的知识整合能力和综合分析能力	10		
	具备较好的资料查找和整理能力	10		
	合计	100		
总分（自评分 × 40% + 师评分 × 60%）				

航空运输地理

任务五　熟悉中南地区主要的空港城市、机场和航空公司

知识目标

- 熟悉中南地区主要的空港城市。
- 熟悉中南地区主要的机场。
- 熟悉中南地区主要的航空公司。

能力目标

- 能够准确而熟练地说出中南地区主要空港城市在地理位置、自然条件、经济条件等方面的优势，主要机场的位置、特点和运力，主要航空公司的总部位置和主运营基地。

素质目标

- 具备敏锐洞察行业趋势的能力，深刻理解国家重大战略对地区民航业的战略机遇与挑战，能够从区域经济发展与航空运输协同的高度提出前瞻性行业发展建议。

任务导入

2025年1月13日，中国民用航空中南地区管理局组织召开2025年工作会议。

会议指出，2024年，辖区运输机场完成旅客吞吐量3.5亿人次、货邮吞吐量698.6万吨、飞机起降306万架次，同比分别增长13.9%、28.2%、5.5%；辖区运输航司完成运输总周转量492.7亿吨公里、旅客运输量2.1亿人次、货邮运输量394.5万吨，同比分别增长23%、15.5%、23.5%；辖区通航企业完成通用飞行29.6万小时、74.2万起飞架次。

会议要求，2025年辖区要重点抓好五个方面的工作：一是锚定本质安全，以高水平安全体系筑牢高质量发展新基础；二是聚焦改革发展，以高成效改革创新激发高质量发展新动能；三是优化运行环境，以高品质航班服务构建高质量发展新支撑；四是深化创新赋能，以高活力低空经济服务高质量发展新业态；五是全面从严治党，以高标准党建工作引领高质量发展新征程。

资料来源：《2025年中南民航工作会议顺利召开》，中国民用航空局官网，2025年1月23日，有改动

请思考：中南地区主要有哪些空港城市和机场？这些机场的基础设施和运力如何？

一、区域概况

中南地区位于我国中部和南部,包括河南省、湖北省、湖南省、广东省、海南省及广西壮族自治区。

中南地区南北跨度大,地形复杂,平原、盆地、丘陵、山地相间分布;海岸绵长,海湾众多,岛屿星罗棋布。本区经济发展历史悠久,南部沿海一带经济发达,也是我国机场数量较多、空运业务量较大的地区,特别是珠三角一带,大型机场云集,空运十分发达。

二、主要的空港城市

(一)广州市

广州市是广东省省会,地处广东省中南部、珠江三角洲的北缘,接近珠江流域下游入海口,面积约为 7 434.4 km²。广州市属海洋性亚热带季风气候,四季温暖湿润、光热充足,年平均气温为 21.7~23.1℃。

广州市是广东省政治、经济、科技、教育和文化中心,是我国国际商贸中心和综合交通枢纽,是全国先进制造业基地、综合性门户城市、国际科技创新中心重要承载地,以航运服务、科技服务、特色金融、国际贸易等生产性服务业为主产业。

广州市作为岭南文化的重要发源地,拥有深厚的历史底蕴,有许多自然景观和人文景观,如白云山风景名胜区、莲花山旅游区、越秀公园、华南植物园等自然景观,以及宝墨园(见图 3-19)、中山纪念堂等人文景观。

图 3-19 宝墨园

(二)深圳市

深圳市地处广东省南部、珠江口东岸,东临大亚湾和大鹏湾,西濒珠江口和伶仃洋,南边深圳河与香港相连，北部与东莞、惠州两城市接壤，面积约为 1 997.47 km²。深圳市属亚热带季风气候，温润宜人，降水丰富。

深圳市是全国性经济中心、全国先进制造业基地、对外开放门户、国际科技创新中心重要承载地。当前，深圳市已形成四大支柱产业、七大战略性新兴产业、八大未来产业的"4+7+8"产业结构，并着力发展以先进制造业为主体的产业集群，建设面向未来的现代化产业体系，不断迈向高端化、智能化、绿色化。

> **民航小贴士**
>
> 四大支柱产业包括高新技术产业、现代物流业、金融业、文化创意产业，七大战略性新兴产业包括新一代电子信息、数字与时尚、绿色低碳、高端设备、生物医药与健康、新材料、海洋经济，八大未来产业包括合成生物、光载信息、智能机器人、细胞与基因、脑科学与脑机工程、量子信息、深地深海、前沿新材料。

深圳市依托独特的地理位置、现代化的城市风貌和丰富的文化遗产，成为国内外游客的热门目的地，拥有世界之窗（见图3-20）、锦绣中华民俗文化村、观澜湖旅游休闲度假区、东部华侨城等著名旅游景点。

图3-20　世界之窗

（三）武汉市

武汉市位于中国腹地中心、湖北省东部、长江与汉水交汇处，面积约为 8 569.19 km²。武汉市属北亚热带季风性（湿润）气候，具有常年雨量丰沛、热量充足、雨热同季、冬冷夏热、四季分明等特点。

武汉市地处国家综合实力最强的京津冀、长三角、珠三角、成渝四大城市群"菱形构架"的核心位置，自古便有"九省通衢"之美誉，当前正加快构筑立足中部、服务全国、联通全球的国内国际双循环核心枢纽城市，全力打造"九州通衢"。武汉市是长江经济带核心城市，是具有全国影响力的科技创新中心，近几年光电子信息、新能源与智能网联汽车、生命健康、高端装备制造、北斗等产业发展迅速。

武汉市是国家历史文化名城，拥有众多名胜古迹和国家重点文物保护单位，如黄鹤楼公园（见图3-21）、武昌首义文化旅游区（辛亥革命博物馆、辛亥革命武昌起义纪念馆）等。此外，还拥有东湖景区、黄陂木兰文化生态旅游区、武汉植物园等众多国家级旅游景区。

（四）长沙市

长沙市是湖南省省会，位于湖南省东北部、湘江下游，东邻江西，面积约为1.18万平方千米。长沙市属亚热带季风性湿润气候，年平均气温为16.8～17.2℃，4～6月为雨季。

图3-21　黄鹤楼公园

长沙市是长江中游地区中心城市、全国性综合交通枢纽，是湖南省经济中心、中部先进制造业基地和现代服务业中心、区域性科技创新高地，拥有工程机械、汽车及零部件、生物医药、电子信息、文化创意、旅游、食品制造七大支柱产业。

长沙市融自然景观与人文胜迹于一体，拥有岳麓山—橘子洲旅游景区、洋湖湿地景区（见图3-22）、花明楼景区、湖南博物院、天心阁等众多景点。

图3-22　洋湖湿地景区

（五）海口市

海口市是海南省省会，位于海南岛北部，陆地面积约为2 296.82 km²，海洋面积约为830 km²。海口市属热带海洋性季风气候，春季温暖少雨，夏季高温多雨，秋季多台风暴雨，冬季温和少雨。

海口市是海南自由贸易港的核心城市、北部湾城市群重要节点城市、区域性现代服务业高地，也是国际性综合交通枢纽城市。近年来，海口市以全省高质量发展领跑者的姿态，全面推进现代化国际化城市建设，做大做强海口经济圈，全面提升发展能级，建设自由贸易港核心引领区。在产业布局方面，海口市聚焦旅游业、现代服务业、高新技术产业、热带特色高效农业，加快构建现代化产业体系。

海口市旅游资源以热带海滨为主要特色，融合自然风光、热带作物、文化古迹和民族风情，主要景点有海口骑楼建筑历史文化街区（见图3-23）、假日海滩旅游区、中国雷琼世界地质公园等。

图3-23　海口骑楼建筑历史文化街区

三、主要的机场

（一）广州白云国际机场

广州白云国际机场（ICAO代码为ZGGG，IATA代码为CAN，见图3-24）位于广州市白云区人和镇和花都区新华街道、花东镇交界处，距广州市中心约28 km，为4F级民用国际机场，是我国三大门户复合枢纽机场之一。机场拥有T1、T2两座航站楼（总建筑面积达156.1万平方米），四条跑道（其中两条长3 800 m、宽60 m；另外两条长度分别为3 600 m、3 400 m，宽度均为45 m）。三期扩建工程完成后，广州白云国际机场将满足年旅客吞吐量1.2亿人次、年货邮吞吐量380万吨、飞机起降77.5万架次的使用需求。

图3-24　广州白云国际机场

民航小贴士

广州白云国际机场三期扩建工程目标年为 2030 年，主要建设内容包括：西二跑道（第四跑道，长 3 400 m、宽 45 m，已投入使用）、东三跑道（第五跑道，长 3 600 m、宽 45 m），42.2 万平方米的 T3 航站楼、14.4 万平方米的 T2 航站楼东四和西四指廊、193 个机位的机坪，24.2 万平方米的综合交通中心和停车楼，以及货运、生产生活辅助设施和公用配套设施等。

广州白云国际机场是国家"一带一路"倡议和"空中丝绸之路"的重要国际航空枢纽之一，是粤港澳大湾区核心枢纽机场，国内国际客运通航点超 200 个，航线网络覆盖全球五大洲，连接国际及地区近 100 个目的地，与国内、东南亚主要城市形成"4 小时航空交通圈"，与全球主要城市形成"12 小时航空交通圈"。

（二）深圳宝安国际机场

深圳宝安国际机场（ICAO 代码为 ZGSZ，IATA 代码为 SZX，见图 3-25）位于深圳市宝安区、珠江口东岸，距离深圳市区约 32 km，为 4F 级民用国际机场。深圳宝安国际机场目前正在使用的航站楼为 T3 航站楼，建筑面积为 45.1 万平方米；拥有两条跑道，东跑道长 3 400 m、宽 45 m，西跑道长 3 800 m、宽 60 m。

图 3-25　深圳宝安国际机场

民航小贴士

深圳宝安国际机场目前正在加快建设第三跑道、T2 航站区和北货运区等设施。第三跑道投入使用后，可满足年旅客吞吐量 8 000 万人次、货邮吞吐量 260 万吨的使用需求。

深圳宝安国际机场的国际及地区客运通航点已覆盖全球五大洲，数量超过 40 个。与此同时，机场全力构建符合大湾区发展需求的国内航线网络，重点强化与京津冀、长三角、成渝等重点区域的联通，国内客运通航点已超过 130 个。

（三）武汉天河国际机场

武汉天河国际机场（ICAO 代码为 ZHHH，IATA 代码为 WUH，见图 3-26）位于武汉市黄陂区天河街道机场大道，距武汉市中心约 25 km，是 4F 级民用国际机场。机场目前拥有 T2、T3 两座航站楼（建筑面积分别为 15.84 万平方米、49.5 万平方米），三条跑道（第一跑道长 3 400 m、宽 45 m，第二跑道长 3 600 m、宽 60 m，第三跑道长 3 200 m、宽 45 m），可满足年旅客吞吐量 6 300 万人次、货邮吞吐量 80 万吨、飞机起降 40.4 万架次的使用需求。

图 3-26　武汉天河国际机场

武汉天河国际机场是我国八大区域性枢纽机场之一、中部重要的国际航空门户枢纽，国际定期航班机场、对外开放的一类航空口岸，目前可通达 140 多个国内航点、20 个国际（地区）航点，客货航线网络覆盖全球五大洲。

（四）长沙黄花国际机场

长沙黄花国际机场（ICAO 代码为 ZGHA，IATA 代码为 CSX，见图 3-27）位于长沙市长沙县黄花镇空港城一号路，位于长沙市中心以东约 23.5 km 处，为 4E 级民用国际机场。机场拥有 T1、T2 两座航站楼（建筑面积分别为 5.1 万平方米、18.5 万平方米），两条跑道（第一跑道长 3 200 m、宽 45 m，第二跑道长 3 800 m、宽 60 m），可满足年旅客吞吐量 3 500 万人次、货邮吞吐量 44 万吨、飞机起降 24.4 万架次的使用需求。

民航小贴士

长沙黄花国际机场改扩建工程项目目前正在建设。该项目按照 2030 年旅客吞吐量 6 000 万人次、货邮吞吐量 60 万吨的使用需求设计。建成后，长沙黄花国际机场将新增一条长 3 600 m 的第三跑道、一座 50 万平方米的 T3 航站楼和 28.5 万平方米的综合交通中心。

图 3-27　长沙黄花国际机场

长沙黄花国际机场是我国十大区域性国际航空枢纽之一、国际定期航班机场、对外开放的一类航空口岸、中国（湖南）自由贸易试验区门户机场、湖南航空主运营基地，已通达国内城市 100 多个、国际及地区城市 20 多个，可通达亚洲、非洲、欧洲、美洲的十多个国家及地区。

（五）海口美兰国际机场

海口美兰国际机场（ICAO 代码为 ZJHK，IATA 代码为 HAK，见图 3-28）位于海口市美兰区灵山镇辖区内，距市中心直线距离约 15 km，为 4E 级民用国际机场。机场拥有 T1、T2 两座航站楼（建筑面积分别为 15 万平方米、30 万平方米），两条跑道（长度均为 3 600 m，宽度分别为 45 m、60 m），可满足年旅客吞吐量 3 500 万人次、货邮吞吐量 40 万吨的使用需求。

图 3-28　海口美兰国际机场

作为我国重要的国内干线机场之一，海口美兰国际机场的国内通航城市达 100 多个。同时，海口美兰国际机场正着力打造面向太平洋、印度洋的航空区域门户枢纽，目前已有 30 多个国际通航城市，如东京、曼谷、悉尼、伦敦等。

四、主要的航空公司

中南地区主要的航空公司如表 3-8 所示。

表 3-8 中南地区主要的航空公司

公司名称	总部	主运营基地
中国南方航空股份有限公司	广州	广州白云国际机场、北京大兴国际机场
海南航空控股股份有限公司	海口	海口美兰国际机场、北京首都国际机场
深圳航空有限责任公司	深圳	深圳宝安国际机场

任务实施

【任务一】以小组为单位,准备一张中国地图(纸质版、电子版均可),请参照地图画出中南地区的大概轮廓,圈出中南地区主要的空港城市。

【任务二】以小组为单位,上网查阅广州白云国际机场、深圳宝安国际机场、武汉天河国际机场、长沙黄花国际机场和海口美兰国际机场近两年的相关资料,说一说这五个机场各有哪些特色航线、运力分别如何,并派一人在班内分享组内讨论结果。

任务评价

请同学们根据表 3-9 对自己上述任务的实施情况进行评分,并请任课教师评分。

表 3-9 任务实施评价表

考核内容		分值	自评分	师评分
知识	熟悉中南地区主要的空港城市	15		
	熟悉中南地区主要的机场	15		
能力	能够较为准确地画出中南地区的轮廓,并圈出主要的空港城市	25		
	能够准确分析中南地区主要机场的航线分布特征和运力	25		
素质	具备良好的知识整合能力和综合分析能力	10		
	具备较好的资料查找和整理能力	10		
合计		100		
总分(自评分×40%+师评分×60%)				

项目三　中国航空运输布局

任务六　熟悉西南地区主要的空港城市、机场和航空公司

知识目标

- 熟悉西南地区主要的空港城市。
- 熟悉西南地区主要的机场。
- 熟悉西南地区主要的航空公司。

能力目标

- 能够准确而熟练地说出西南地区主要空港城市在地理位置、自然条件、经济条件等方面的优势，主要机场的位置、特点和运力，主要航空公司的总部位置和主运营基地。

素质目标

- 能够紧跟全球航空运输格局变化，立足国家发展战略，深度剖析西南航空枢纽在国际和国内航线网络中面临的机遇与挑战，前瞻性预测区域航空市场的发展方向，培养战略规划与行业发展研判能力。

任务导入

2025年1月15日，中国民用航空西南地区管理局组织召开2025年工作会议。

会议指出，2024年，辖区全年运输航空共完成旅客吞吐量2.6亿人次、货邮吞吐量214.3万吨、飞机起降185.3万架次，同比分别增长12.2%、23.2%、6.1%。

会议部署了2025年重点工作任务：一是坚持安全第一不动摇，打造高水平航空安全；二是坚持稳中求进总基调，推动航空市场有序增长；三是坚持发挥规划引领作用，夯实高质量发展基础；四是坚持优化生产运行，实现效率服务双提升；五是坚持加强党的建设，争取全面从严治党新成效。

资料来源：《2025年民航西南地区工作会议顺利召开》，中国民用航空局官网，
2025年1月15日，有改动

请思考：西南地区主要有哪些空港城市和机场？这些机场的基础设施和运力如何？

一、区域概况

西南地区地处我国西南部，北连西北地区，东与中南地区相接，包括四川省、云南省、贵州省、重庆市和西藏自治区。

西南地区地形结构复杂，主要以高原、山地为主，地势起伏不平，使得陆路交通极为不便，且公路、铁路造价高、建设周期长；河流虽多，但山高谷深，滩多水急，难以发展水运。这样的地形条件使西南地区对航空运输有较大的需求，但同时也对机场建设、航路设置、飞行安全产生一定的制约，尤其对高原飞行，有着更为严苛的技术要求。

二、主要的空港城市

（一）成都市

成都市是四川省省会，地处四川盆地西部边缘，面积约为 1.43 万平方千米。成都市属亚热带季风气候，热量充足，雨量丰富，四季分明，雨热同期。

成都市是西部地区重要的中心城市，西部经济中心、西部科技创新中心、西部对外交往中心、全国先进制造业基地，国际性综合交通枢纽城市。目前，成都市已形成电子信息、装备制造 2 个万亿级产业集群，以及集成电路、高端软件、轨道交通、航空航天、生物医药等 10 个千亿级产业集群；正着力推动人工智能、卫星互联网等战略性新兴产业融合集群发展，并前瞻布局前沿生物、先进能源等未来产业，制造业整体发展能级和竞争优势显著提升。

成都市自然景观丰富，拥有青城山（见图 3-29）、天台山、西岭雪山等著名自然风景景区；同时作为国家历史文化名城，拥有武侯祠博物馆、杜甫草堂博物馆、金沙遗址博物馆等著名人文景区。

图 3-29　青城山

（二）昆明市

昆明市是云南省省会，位于云南省中部地区，面积约为 2.1 万平方千米。昆明市属低纬度高原山地季风气候，冬无严寒，夏无酷暑，四季如春，年平均气温为 15℃。

昆明市是西南地区的中心城市之一，地处中国—东盟自由贸易区、澜湄合作区域、泛珠三角经济圈交汇点，是我国面向南亚、东南亚，乃至中东、南欧、非洲的前沿和重要门户，具有"东连黔桂通沿海，北经川渝进中原，南下越老达泰柬，西接缅甸连印巴"的独特区位优势。近几年，昆明市坚持大抓产业、主攻工业，统筹推进工业强市、贸易富市、旅游兴市、金融活市"四轮驱动"，加快构建现代化产业体系，孕育出化工、冶金、新能源电池、稀贵金属、信息制造等千亿级产业集群。

昆明市是全国重点旅游城市和国家历史文化名城，旅游资源丰富多样，自然景观与人文景观交相辉映，拥有石林（见图 3-30）、九乡、滇池等著名自然风景区，以及云南民族村、金殿名胜区、官渡古镇等著名人文景区。

图 3-30　石林

（三）重庆市

重庆市位于我国西南部、长江上游，面积为 8.24 万平方千米，东邻湖北省、湖南省，南接贵州省，西靠四川省，北连陕西省及四川省。重庆市属亚热带湿润季风气候，气候资源较为丰富，立体气候明显，具有春早夏热、秋雨冬暖、降水充沛、空气湿润、雨热同季，以及日照少、风速小、多云雾等特征，年平均气温为 17.7℃。

重庆市是全国先进制造业基地、西部科技创新中心和对外开放门户、长江上游航运中心，全国唯一兼具水、陆、空、生产服务、商贸服务"五型"国家物流枢纽的城市，在西部大开发中发挥支撑作用，在长江经济带中发挥示范作用。目前，重庆市正聚力做大做强做优智能网联新能源汽车、新一代电子信息制造业、先进材料三大产业集群，推动这三类产业成为"制造强市"的中流砥柱，同时加快推动智能装备及智能制造、食品及农产品加工、软件信息服务产业集群创新发展。

重庆市既是著名的山水城市，又是历史文化名城，自然与人文旅游资源富集，主要有以巫山小三峡（见图 3-31）、武隆喀斯特旅游区、万盛黑山谷、南川金佛山等为代表的自然景观，以及以大足石刻、奉节白帝城、合川钓鱼城、涪陵白鹤梁等为代表的人文景观。

图 3-31　巫山小三峡

（四）贵阳市

贵阳市是贵州省省会，位于贵州省中部，是贵州省的政治、经济、文化、教育、科学技术、交通中心，面积约为 8 043.45 km^2。贵阳市属亚热带高原季风湿润气候，冬无严寒、夏无酷暑，热量丰富，无霜期较长，雨量充沛，多云、日照少，风速较小，相对湿度较大。

贵阳市位于西南地区与华中、华南及东南沿海地区联系的中心地带，是西南地区连接全国各地的重要交通枢纽，也是西南地区重要的工业基地和商贸旅游服务中心。近年来，贵阳市以工业为核心、多产业协同发展，大力发展电子信息制造业、先进装备制造业、新能源汽车、磷化工产业、铝及铝加工产业、健康医药、生态特色食品、软件信息服务业等产业。

贵阳市旅游资源丰富多样，有青岩古镇（见图 3-32）、甲秀楼、黔灵山公园、花溪湿地公园、天河潭等著名景点。

图 3-32　青岩古镇

三、主要的机场

（一）成都天府国际机场

成都天府国际机场（ICAO 代码为 ZUTF，IATA 代码为 TFU，见图 3-33）位于成都市简阳市芦葭镇，距成都市中心约 50 km，为 4F 级民用国际机场。机场拥有 T1、T2 两座航站楼（建筑面积分别为 39 万平方米、32 万平方米），三条跑道（第一跑道长 4 000 m、宽 60 m，第二跑道长 3 800 m、宽 45 m，第三跑道长 3 200 m、宽 45 m），可满足年旅客吞吐量 6 000 万人次、货邮吞吐量 130 万吨的使用需求。

图 3-33　成都天府国际机场

> **民航小贴士**
>
> 成都天府国际机场远期规划建设"四纵两横"共 6 条跑道、总建筑面积 140 万平方米的航站楼，可满足年旅客吞吐量 1.2 亿人次、货邮吞吐量 280 万吨的使用需求。

目前，成都天府国际机场已开通国内航点超 180 个，国际航线覆盖亚洲、欧洲、大洋洲、北美洲和非洲。

（二）昆明长水国际机场

昆明长水国际机场（ICAO 代码为 ZPPP，IATA 代码为 KMG，见图 3-34）位于昆明市东北方向，距市区直线距离约 24.5 km，为 4F 级民用国际机场。机场航站楼面积为 56.88 万平方米，拥有两条跑道（东跑道长 4 500 m、宽 60 m，西跑道长 4 000 m、宽 45 m），可满足年旅客吞吐量 6 500 万人次、货邮吞吐量 130 万吨、飞机起降 37 万架次的使用需求。

航空运输地理

图 3-34 昆明长水国际机场

民航小贴士

昆明长水国际机场改扩建工程正在建设中，建成投用后，昆明长水国际机场将成为拥有双航站楼和 4 条跑道的大型机场，可满足年旅客吞吐量 9 500 万人次、货邮吞吐量 100 万吨、飞机起降 63.3 万架次的使用需求。

昆明长水国际机场是我国八大区域枢纽机场之一，也是我国辐射南亚、东南亚的国际航空枢纽，同时还是西南地区对外开放的现代综合交通枢纽。目前，昆明长水国际机场国内外通航点超 180 个，其中国际及地区通航点 60 多个，国际航线覆盖亚洲、欧洲、北美洲、大洋洲等。

（三）重庆江北国际机场

重庆江北国际机场（ICAO 代码为 ZUCK，IATA 代码为 CKG，见图 3-35）位于重庆市郊东北方向约 21 km 的渝北区，为 4F 级民用国际机场。机场目前正在运行的有 T2、T3A、T3B 三座航站楼（建筑面积分别为 18 万平方米、53.7 万平方米、36.3 万平方米），拥有四条跑道（第一跑道长 3 200 m、第二跑道长 3 600 m、第三跑道长 3 800 m、第四跑道长 3 400 m），可满足年旅客吞吐量 8 000 万人次、货邮吞吐量 120 万吨、飞机起降 58 万架次的使用需求。

重庆江北国际机场为我国十大国际航空枢纽之一，总通航点超 170 个。其中，国际（地区）方面，通达西雅图、伦敦、巴黎、罗马、马德里、东京、迪拜、新加坡、雅加达等 30 多个航点，基本构建起覆盖欧洲、美洲、澳大利亚、中东地区、日韩、东南亚等国家和地区的国际航线网络。

图 3-35　重庆江北国际机场

(四) 贵阳龙洞堡国际机场

贵阳龙洞堡国际机场（ICAO 代码为 ZUGY，IATA 代码为 KWE，见图 3-36）位于贵阳市东郊，距市中心约 11 km，为 4E 级民用国际机场。机场拥有 T1、T2、T3 三座航站楼（建筑面积分别为 8.07 万平方米、11.2 万平方米、16.75 万平方米），两条跑道（东跑道长 4 000 m、宽 45 m，西跑道长 3 500 m、宽 45 m），可满足年旅客吞吐量 3 000 万人次、货邮吞吐量 25 万吨、飞机起降 24.3 万架次的使用需求。

图 3-36　贵阳龙洞堡国际机场

贵阳龙洞堡国际机场是西南地区重要的航空枢纽，目前通航点超 110 个，国际航线覆盖亚洲和欧洲等地区的多个国家和城市，如新加坡、大阪、河内、雅加达、吉隆坡、曼谷、米兰等。

四、主要的航空公司

西南地区主要的航空公司如表 3-10 所示。

表 3-10　西南地区主要的航空公司

公司名称	总部	主运营基地
四川航空股份有限公司	成都	成都双流国际机场、成都天府国际机场
云南祥鹏航空有限责任公司	昆明	昆明长水国际机场
重庆航空有限公司	重庆	重庆江北国际机场
西藏航空有限公司	拉萨	拉萨贡嘎国际机场

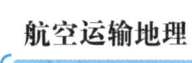

航空运输地理

任务实施

【任务一】 以小组为单位,准备一张中国地图(纸质版、电子版均可),请参照地图画出西南地区的大概轮廓,圈出西南地区主要的空港城市。

【任务二】 以小组为单位,上网查阅成都天府国际机场、昆明长水国际机场、重庆江北国际机场和贵阳龙洞堡国际机场近两年的相关资料,说一说这四个机场各有哪些特色航线、运力分别如何,并派一人在班内分享组内讨论结果。

任务评价

请同学们根据表3-11对自己上述任务的实施情况进行评分,并请任课教师评分。

表3-11 任务实施评价表

考核内容		分值	自评分	师评分
知识	熟悉西南地区主要的空港城市	15		
	熟悉西南地区主要的机场	15		
能力	能够较为准确地画出西南地区的轮廓,并圈出主要的空港城市	25		
	能够准确分析西南地区主要机场的航线分布特征和运力	25		
素质	具备良好的知识整合能力和综合分析能力	10		
	具备较好的资料查找和整理能力	10		
合计		100		
总分(自评分×40% + 师评分×60%)				

任务七 熟悉西北和新疆地区主要的空港城市、机场和航空公司

知识目标

➢ 熟悉西北和新疆地区主要的空港城市。
➢ 熟悉西北和新疆地区主要的机场。

项目三　中国航空运输布局

➢ 熟悉西北和新疆地区主要的航空公司。

➢ 能够准确而熟练地说出西北和新疆地区主要空港城市在地理位置、自然条件、经济条件等方面的优势，主要机场的位置、特点和运力，主要航空公司的总部位置和主运营基地。

素质目标

➢ 能够结合西北和新疆地区的经济发展需求和文化特色，分析航空运输资源配置需求，助力航空运输与区域产业协同发展。

📖 任务导入

2025 年 1 月 16 日，中国民用航空西北地区管理局组织召开 2025 年西北民航工作会议。

会议指出，2024 年，辖区运输生产稳步发展，完成飞机起降 66.88 万架次、旅客吞吐量 8 917.60 万人次、货邮吞吐量 48.42 万吨，同比分别增长 5.08%、12.05%、11.78%。

会议安排部署了西北民航 2025 年重点工作：一是以时时放心不下的责任感，守牢航空安全底线；二是服务国家战略，提升行业战略承载能力；三是推进提质增效，助推航空运输市场快速发展；四是全面深化改革，增强发展内生动力；五是坚定政治方向，推进全面从严治党。

资料来源：《2025 年西北民航工作会议召开》，中国民用航空局官网，
2025 年 1 月 16 日，有改动

 请思考：西北地区主要有哪些空港城市和机场？这些机场的基础设施和运力如何？

一、区域概况

西北地区包括陕西省、青海省、甘肃省和宁夏回族自治区，与华北、中南、西南、新疆等地区相邻，面积约为 138 万平方千米。该地区地广人稀，地形地貌复杂，包含高原、山地、盆地、戈壁等多种形态，导致地面交通建设难度大、成本高，由此凸显出民航运输在区域交通体系中的关键地位与战略价值。

新疆维吾尔自治区位于我国西北，面积约为 166 万平方千米，是我国陆地面积最大的省级行政区，约占我国国土总面积的 1/6。新疆东部与甘肃省、青海省相连，南部与西藏自治区毗邻；从东北至西南分别与蒙古、俄罗斯、哈萨克斯坦、吉尔吉斯斯坦、塔吉克斯坦接

壤，西南部与阿富汗、巴基斯坦、印度相邻，同邻国共有 5 400 km 左右的边界线，约占我国与邻国边境线总长度的 1/4。新疆是我国国境线最长、交界邻国最多的省区。

二、主要的空港城市

（一）西安市

西安市是陕西省省会，位于我国西北部、黄河流域中部关中平原，面积约为 1.01 万平方千米。西安市属暖温带半湿润大陆性季风气候，四季分明。春季温暖、干燥、多风、气候多变，夏季炎热多雨、伏旱突出、多雷雨大风，秋季凉爽、气温速降、秋淋明显，冬季寒冷、风小、多雾霾、少雨雪。

西安市是国际性综合交通枢纽城市，国家重要科研和文教中心，西部经济中心、科技创新中心、先进制造业基地、对外交往中心。近年来，西安市深入实施"产业强市"战略，加快推进新型工业化建设，基本构建了"6+5+6+1"现代产业体系，即"六大支柱产业+五大新兴产业+六大生产性服务业+一大文旅产业"。

> **民航小贴士**
>
> 六大支柱产业包括电子信息制造、高端装备制造、汽车产业、新材料新能源、航空航天、生物医药，五大新兴产业包括人工智能、机器人、5G、大数据和云计算、增材制造，六大生产性服务业包括现代金融、研发设计、现代物流、软件和信息服务、检验检测认证、会议会展，一大文旅产业指文化旅游产业。

西安市是一座历史悠久、文化灿烂的古都，人文山水、古城新姿交相辉映，有秦始皇帝陵博物院、华清宫、大雁塔（见图 3-37）、西安城墙、西安碑林博物馆等风景名胜。

图 3-37　大雁塔

（二）兰州市

兰州市是甘肃省省会，位于我国西北部、甘肃省中部，面积约为 1.31 万平方千米。

兰州市属温带大陆性气候，年平均气温为10.9℃，夏无酷暑，冬无严寒。

兰州市地处大西北的"十字路口"，是全国九大物流区域、十大物流通道和21个全国性物流节点城市之一，新亚欧大陆桥和我国面向中亚、西亚开放的战略通道；是西部地区重要的中心城市、先进制造业基地、区域性科技创新高地。近年来，兰州市立足老工业基地基础和优势，加快构建以都市型现代农业、先进制造业、现代服务业，以及数字经济、总部经济为引领的"3+2"现代产业体系，并在着力打造"6+X"先进制造产业集群，即全力打造石油化工、有色冶金、生物制药、新材料、装备制造、数据信息6个千亿级产业集群，做强新能源、航空航天、新型建材、食品加工等一批百亿级产业集群。

兰州市是一座融自然风光与历史文化于一体的城市，拥有青城古镇、河口古镇、世界第一古梨园（见图3-38）、水墨丹霞景区、黄河楼等著名景点。

图3-38 世界第一古梨园

（三）乌鲁木齐市

乌鲁木齐市是新疆维吾尔自治区首府，位于我国西北、新疆中部、亚欧大陆腹地，面积约为1.38万平方千米。乌鲁木齐市属中温带大陆性干旱气候，气候特征如下：温差大，寒暑变化剧烈；降水量少，且随高度垂直递增；冬季漫长，四季分配不均；春秋多大风，冬季有逆温层出现。

乌鲁木齐市是国际性综合交通枢纽城市，我国西部地区重要的中心城市，面向中亚西亚的交往中心、国际商贸物流中心。近年来，乌鲁木齐市着眼构建更好支撑高质量发展的特色优势现代化产业体系，加快构建完善油气生产加工、煤炭清洁高效利用、新型电力系统、绿色矿业及加工、先进制造和新材料等战略性新兴产业、粮食和食品加工、棉花和纺织服装、绿色畜牧产品和优质果蔬、文化和旅游、现代物流等产业集群。

乌鲁木齐市旅游资源丰富，拥有天山大峡谷、天山天池（见图3-39）、国际大巴扎、红山公园、水磨沟等著名景点。

图 3-39 天山天池

三、主要的机场

（一）西安咸阳国际机场

西安咸阳国际机场（ICAO 代码为 ZLXY，IATA 代码为 XIY，见图 3-40）位于咸阳市渭城区底张街道，距西安市区约 25 km，为 4F 级民用国际机场。机场目前拥有 T1、T2、T3、T5 四座航站楼，建筑面积分别为 2.54 万平方米、6.92 万平方米、30.08 万平方米、70 万平方米；拥有三条跑道，第一跑道长 3 000 m、宽 45 m，第二跑道长 3 800 m、宽 60 m，第三跑道（北二跑道）长 3 800 m、宽 45 m。

图 3-40 西安咸阳国际机场

> **民航小贴士**
>
> 西安咸阳国际机场三期扩建工程正在建设中，工程内容包括：新建 70 万平方米的东航站楼（T5 航站楼），115 个站坪机位，35 万平方米的综合交通中心及停车楼，以及捷运系统、货运、航食、消防救援等辅助生产设施，配套建设供电、给排水、供热、制冷、供气等公用配套设施。将现北跑道（第一跑道）改造为平行滑行道，

在其北侧新建长 3 800 m、宽 45 m 的北一跑道，在北一跑道的北侧新建等规模的北二跑道，北飞行区等级指标 4E；在现南跑道（第二跑道）的南侧新建长 3 000 m、宽 45 m 的南二跑道，南飞行区等级指标 4F。三期扩建工程全部建成后，西安咸阳国际机场可满足年旅客吞吐量 8 300 万人次、货邮吞吐量 100 万吨、飞机起降 59.5 万架次的使用需求。

西安咸阳国际机场是西北地区最大的空中交通枢纽、国家重点规划建设的国际枢纽机场，目前通航点已超 170 个，其中国内超 140 个，国际超 30 个，包括巴黎、罗马、莫斯科、悉尼、墨尔本、大阪、首尔、吉隆坡、胡志明等。

（二）兰州中川国际机场

兰州中川国际机场（ICAO 代码为 ZLLL，IATA 代码为 ZGC，见图 3-41）位于兰州市皋兰县中川镇，位于兰州市中心以北约 55 km 处，为 4E 级民用国际机场。机场目前在运行的是 40 万平方米的 T3 航站楼（T1、T2 航站楼已停用），拥有两条长 4 000 m、宽 45 m 的跑道，可满足年旅客吞吐量 3 800 万人次、货邮吞吐量 30 万吨、飞机起降 30 万架次的使用需求。

图 3-41　兰州中川国际机场

兰州中川国际机场是西部地区连接东西、贯通南北、辐射全球的航空枢纽，目前国内、国际通航点超 100 个，其中国际通航点有大阪、名古屋、新加坡、芽庄、曼谷等。

（三）乌鲁木齐天山国际机场

乌鲁木齐天山国际机场（ICAO 代码为 ZWWW，IATA 代码为 URC，见图 3-42）位于乌鲁木齐市新市区机场街道和地窝堡乡交界处，乌鲁木齐市中心西北约 17 km 处，为 4F 级民用国际机场。机场目前在运行的为 50 万平方米的 T4 航站楼（T1、T2、T3 航站楼暂停使用），拥有三条跑道（南跑道长 3 600 m、宽 45 m，北一跑道长 3 800 m、宽 45 m，北二跑道长 3 200 m、宽 45 m），可满足年旅客吞吐量 3 500 万人次、货邮吞吐量 55 万吨、飞机起降 36.7 万架次的使用需求。

图 3-42　乌鲁木齐天山国际机场

乌鲁木齐天山国际机场被定位为区位门户复合型国际航空枢纽，通达中亚、西亚、欧洲等多个地区，国内定期客运航线覆盖全国各大城市。

翼展风采

乌鲁木齐天山国际机场启用新航站楼

2025 年 4 月 17 日，我国向西开放重要空中门户——乌鲁木齐天山国际机场启用新航站楼，"扩容"后的机场年旅客、货邮吞吐量分别较原有机场保障能力增长 2 倍以上，成为进出境旅客的"新国门"。

北区航站楼是乌鲁木齐天山国际机场改扩建工程的核心建设项目。新疆机场（集团）有限责任公司介绍，作为国家重点建设项目，乌鲁木齐天山国际机场改扩建工程于 2019 年启动建设，历时 6 年，建成 50 万平方米的航站楼、2 条跑道、177 个机位的站坪、9.3 万平方米的综合交通中心及 25.1 万平方米的配套停车场等。

北航站楼总建筑面积相当于 25 个标准足球场大小，超过原 3 座航站楼总面积之和，建设过程面临着运输量大、精度控制要求高、系统调试难等多重挑战。为攻克建设难题，新航站楼引入人工智能、大数据等前沿技术，精准预判工序，实时追踪作业轨迹，实现枢纽工程的高效推进。此外，机场还建成西北地区规模最大的机场区域分布式光伏电站，年生产绿电约 1 211 万千瓦时、减少二氧化碳排放量 8 924 t。

民航局相关负责人表示，新航站楼的启用，意味着乌鲁木齐国际航空枢纽将能够保障更多的飞机起降、拥有更多的机坪等保障资源、提供更加优质高效的航空运输服务，在扩大高水平对外开放、促进区域经济社会发展中将发挥更大作用。

资料来源：王雪，《丝路枢纽"扩容"　乌鲁木齐天山国际机场启用新航站楼》，新华网，2025 年 4 月 17 日，有改动

四、主要的航空公司

西北和新疆地区主要的航空公司如表 3-12 所示。

表 3-12 西北和新疆地区主要的航空公司

公司名称	总部	主运营基地
中国东方航空股份有限公司西北公司	西安	西安咸阳国际机场

 任务实施

【任务一】以小组为单位,准备一张中国地图(纸质版、电子版均可),请参照地图画出西北和新疆地区的大概轮廓,圈出西北和新疆地区主要的空港城市。

【任务二】以小组为单位,上网查阅西安咸阳国际机场、兰州中川国际机场和乌鲁木齐天山国际机场近两年的相关资料,说一说这三个机场各有哪些特色航线、运力分别如何,并派一人在班内分享组内讨论结果。

 **任务评价**

请同学们根据表 3-13 对自己上述任务的实施情况进行评分,并请任课教师评分。

表 3-13 任务实施评价表

	考核内容	分值	自评分	师评分
知识	熟悉西北和新疆地区主要的空港城市	15		
	熟悉西北和新疆地区主要的机场	15		
能力	能够较为准确地画出西北和新疆地区的轮廓,并圈出主要的空港城市	25		
	能够准确分析西北和新疆地区主要机场的航线分布特征和运力	25		
素质	具备良好的知识整合能力和综合分析能力	10		
	具备较好的资料查找和整理能力	10		
	合计	100		
总分(自评分×40% + 师评分×60%)				

任务八　熟悉港澳台地区的概况和主要的机场、航空公司

知识目标

> 熟悉港澳台地区的主要情况。
> 熟悉港澳台地区主要的机场。
> 熟悉港澳台地区主要的航空公司。

能力目标

> 能够准确而熟练地说出港澳台地区在地理位置、自然条件、经济条件等方面的优势，主要机场的位置、特点和运力，主要航空公司的总部位置和主运营基地。

素质目标

> 培养敏锐的洞察力与系统认知能力，能够结合区域民航发展需求，灵活运用专业知识分析机场运营规律，并提出优化建议。

任务导入

2024年，香港机场和澳门机场的客流量均呈现显著增长态势。数据显示，香港机场全年旅客运输量达到5 310万人次，飞机起降超过36.3万架次，分别比2023年增长约34.3%、31.6%。澳门机场同样呈现出较好的发展势头，全年旅客运输量突破764万人次，飞机起降超过5.9万架次，分别比2023年增长约48%、41%。

令人瞩目的数据背后，离不开港澳地区上空日益织密的航线网络所发挥的关键作用。近年来，港澳航线、航班不断加密，大湾区互联互通持续提速升级，内地与港澳之间的人员往来更加便捷、高效。不仅如此，凭借独特的枢纽优势，港澳地区正逐步串联起辐射全球的航线网络。这一布局不仅让内地旅客经由港澳走向全球更加顺畅，也为外国旅客提供了更为优质的空中出行体验。

资料来源：孙文瑾，《搭乘港澳航班 解锁更优体验》，中国民航网，2025年2月17日，有改动

请思考：港澳台地区主要有哪些机场？这些机场的基础设施和运力如何？

一、香港特别行政区

香港特别行政区位于我国南部、珠江口以东,西与澳门隔海相望,北与深圳相邻,南临珠海万山群岛,陆地面积约为 1 114.57 km²,海域面积约为 1 640.40 km²,总面积约为 2 754.97 km²,是国际金融、贸易和航运中心,国际航空枢纽,全球离岸人民币业务枢纽。香港属海洋性亚热带季风气候,四季分明,春温多雾、夏热多雨、秋日晴和、冬微干冷,年平均气温为 23.3℃,全年雨量充沛,主要集中在 5 月至 9 月。香港拥有众多标志性景点,如维多利亚港(见图 3-43)、尖沙咀、太平山顶等。

图 3-43 维多利亚港

香港国际机场(ICAO 代码为 VHHH,IATA 代码为 HKG,见图 3-44)位于香港新界大屿山赤鱲角,位于香港市中心以西约 25 km 处,拥有面积约 61 万平方米(含天际走廊)的航站楼和三条跑道(均长 3 800 m、宽 60 m),为 4F 级民用国际机场、国际航空枢纽。香港国际机场是亚太地区最繁忙的机场之一,目前连通全球约 200 个航点,5 h 飞行航程范围覆盖全球过半数人口,航空货运量超过 10 年位居全球第一,多次获选"中国最佳机场""亚洲最佳机场""全球最繁忙货运机场"。

国泰航空有限公司是香港最大的国际航空公司,以香港国际机场为主运营基地。

图 3-44 香港国际机场

航空运输地理

> **翼展风采**
>
> ### 香港国际机场城市候机楼+2,广佛两地同日启幕
>
> 2025年1月21日,香港国际机场广州宾馆城市候机楼与佛山南海万科广场城市候机楼正式投入运营。两大城市候机楼的启用,进一步强化了大湾区城市与香港国际机场的紧密联系。
>
> 广州宾馆城市候机楼位于广州市越秀区起义路2号广州宾馆首层4号铺,临近地铁2号线海珠广场站E出口。该候机楼配备全方位的服务设施,涵盖航班信息实时查询、自助值机服务及大巴车票便捷购买等功能。旅客可在此打印登机牌、预订直达香港国际机场的大巴车票,极大地简化了前期准备流程。候机楼的服务时间为9:00—20:00,大巴每日往返香港国际机场50班,节假日和旅游出行旺季会根据实际需要增加班次。
>
> 佛山南海万科广场城市候机楼位于佛山市南海区桂城桂澜中路南海万科广场写字楼大堂,为旅客提供舒适的候机环境和现代化的服务设施。旅客在此可以查询航班信息,购买往返香港国际机场的车票。候机楼的服务时间为6:30—18:00,专车约每小时一班,每日往返香港国际机场22班,每逢周日多加一班,其他节假日和旅游出行旺季亦会根据实际需要增加班次。
>
> 香港国际机场作为亚洲主要的航空枢纽,一直以来是大湾区旅客出行的主要选择之一。广州宾馆城市候机楼与佛山南海万科广场城市候机楼的同步启幕,为大湾区旅客提供了更多元化的出行选择,进一步促进了区域间的人员流动和经济文化交流,为大湾区的繁荣发展注入了新动力。两大城市候机楼的启用,不仅标志着区域交通网络的一大步前进,也预示着大湾区在全球航空网络中的地位将进一步得到加强。香港机场管理局航空枢纽总经理李浩峰表示,城市候机楼是香港机场管理局积极拓展粤港澳大湾区业务、服务好大湾区旅客、推动大湾区进一步深化互联互通的关键举措。
>
> 资料来源:林子菲,《香港国际机场城市候机楼+2,广佛两地同日启幕》,粤港澳大湾区门户网,2025年1月23日,有改动

二、澳门特别行政区

澳门特别行政区位于我国南部珠江口西侧,距离香港特别行政区约60 km,距离广州市约145 km,土地总面积为33.3 km²,海域面积为85 km²。澳门属亚热带季风气候,夏季炎热多雨,秋季晴朗清爽,冬季少雨,年平均气温为22.8℃;常受台风吹袭,台风季节为每年5月至10月,其中7月至9月是台风吹袭最频繁的月份。博彩旅游业、商贸服

务业、金融服务业、建筑地产业是澳门的四大支柱产业，近年来，澳门积极推动经济多元化，大力发展文化创意产业和科技创新产业。大炮台、妈阁庙、大三巴牌坊（见图3-45）、圣母雪地殿教堂、玫瑰圣母堂等是澳门著名的旅游景点，极具历史文化价值。

图3-45　大三巴牌坊

澳门国际机场（ICAO代码为VMMC，IATA代码为MFM，见图3-46）位于澳门特别行政区氹仔岛，距离市中心约10 km，是全球第二个、我国第一个完全由填海造陆建成的机场。澳门国际机场拥有一座航站楼（建筑面积约为7.8万平方米）、两条跑道（长度分别为3 360 m、3 285 m），可满足年旅客吞吐量1 000万人次的使用需求。目前，澳门国际机场国内、国际通航点超40个，覆盖北京、上海、杭州、成都等内地城市，以及大阪、首尔、新加坡、吉隆坡、曼谷等国际城市。

澳门主要的航空公司是澳门航空股份有限公司，以澳门国际机场为主运营基地。

三、台湾地区

台湾地区位于我国东南沿海的大陆架上，东临太平洋，西隔台湾海峡与福建省相望，北濒东海，南界巴士海峡与菲律宾群岛相对，陆地总面积约为3.6万平方千米。台湾纵跨温带与热带，北部为亚热带气候，南部为热带气候，冬季温暖、夏季炎热，雨量充沛，常受台风侵袭。近年来，台湾经济结构不断调整优化，形成以高科技产业为主导、服务业和传统制造业并重的多元化产业结构。台湾自然景观和人文景观丰富，有台北101大楼、台北"故宫博物院"、中正纪念堂、阿里山、日月潭（见图3-47）、太鲁阁峡谷等著名景点。

图3-46　澳门国际机场

图 3-47　日月潭

台湾桃园国际机场（ICAO 代码为 RCTP，IATA 代码为 TPE，见图 3-48）位于桃园市大园区，东北距台北市中心约 40 km，西南距桃园市中心约 18 km，为 4F 级民用国际机场，是台湾最大、最繁忙的机场和区域航空枢纽。台湾桃园国际机场目前拥有 T1、T2 两座航站楼（建筑面积共 53.76 万平方米），两条跑道（北跑道长 3 660 m、宽 60 m，南跑道长 3 800 m、宽 60 m），可满足年旅客吞吐量 2 200 万人次、货邮吞吐量 290 万吨的使用需求。目前，台湾桃园国际机场通航点覆盖北京、上海、杭州、成都、广州、深圳等国内城市，以及东京、首尔、吉隆坡、新加坡、纽约、旧金山、温哥华、悉尼等国际城市。

台湾地区主要的航空公司是中华航空股份有限公司和长荣航空股份有限公司，均以台湾桃园国际机场为主运营基地。

图 3-48　台湾桃园国际机场

任务实施

【任务一】以小组为单位，准备一张中国地图（纸质版、电子版均可），请在地图上找出香港特别行政区、澳门特别行政区和台湾地区的位置。

【任务二】 以小组为单位，上网查阅香港国际机场、澳门国际机场和台湾桃园国际机场近两年的相关资料，说一说这三个机场各有哪些特色航线、运力分别如何，并派一人在班内分享组内讨论结果。

任务评价

请同学们根据表 3-14 对自己上述任务的实施情况进行评分，并请任课教师评分。

表 3-14　任务实施评价表

考核内容		分值	自评分	师评分
知识	熟悉港澳台地区的主要情况	15		
	熟悉港澳台地区主要的机场	15		
能力	能够较为准确地找出香港特别行政区、澳门特别行政区和台湾地区的位置	25		
	能够准确分析港澳台地区主要机场的航线分布特征和运力	25		
素质	具备良好的知识整合能力和综合分析能力	10		
	具备较好的资料查找和整理能力	10		
合计		100		
总分（自评分×40% + 师评分×60%）				

项目学习效果综合测试

一、填空题

1. 我国国际航线以＿＿＿＿、＿＿＿＿和＿＿＿＿三大国际空港城市为核心枢纽。

2. 我国国内航线集中分布于＿＿＿＿＿＿＿＿＿＿＿＿一线以东的地区。

3. 我国华东地区主要的空港城市有＿＿＿＿、＿＿＿＿、＿＿＿＿。

4. 西安咸阳国际机场的 ICAO 代码是＿＿＿＿，IATA 代码是＿＿＿＿。

5. 中国南方航空股份有限公司的总部设在＿＿＿＿，主运营基地是＿＿＿＿、＿＿＿＿。

6. 北京首都国际机场为＿＿＿＿级民用国际机场，拥有＿＿＿＿座航站楼、＿＿＿＿条跑道。

二、单项选择题

1. 我国国际航线主要呈（　　）走向，国内航线主要呈（　　）走向。
   A．东西，东西　　　　　　　　B．东西，南北
   C．南北，东西　　　　　　　　D．南北，南北

2. 西安咸阳国际机场现有（　　）座航站楼。
   A．二　　　　　　　　　　　　B．三
   C．四　　　　　　　　　　　　D．五

3. 下列机场不在中南地区的是（　　）。
   A．广州白云国际机场　　　　　B．武汉天河国际机场
   C．长沙黄花国际机场　　　　　D．成都天府国际机场

4. 中华航空股份有限公司的主运营基地是（　　）。
   A．台湾桃园国际机场　　　　　B．香港国际机场
   C．澳门国际机场　　　　　　　D．北京首都国际机场

5. 天津滨海国际机场的飞行区等级为（　　）。
   A．4F　　　　　　　　　　　　B．4E
   C．4C　　　　　　　　　　　　D．3C

三、简答题

1. 我国国内航线有何分布特征？
2. 我国华东地区有哪些主要的空港城市？主要的机场又有哪些？
3. 请写出沈阳桃仙国际机场、大连周水子国际机场和哈尔滨太平国际机场的 IATA 代码。
4. 华北地区主要的航空公司有哪些？

项目三 中国航空运输布局

请同学们结合课上学习情况、任务实施和项目学习效果综合测试的完成情况,按照表 3-15 的评价标准自评和互评,并请任课教师给予总体评价。

表 3-15 项目学习成果评价表

考核内容	评价标准	分值	评价得分		
			自评	互评	师评
能力评价	能够精准把握我国国际和国内航线的特征,并能够深入理解每条航线在区域经济、文化交流、国际贸易等方面的独特作用	10			
	能够准确而熟练地说出七大航空区主要空港城市在地理位置、自然条件、经济条件等方面的优势,主要机场的位置、特点和运力,主要航空公司的总部位置和主运营基地	20			
	能够准确而熟练地说出港澳台地区的优势,主要机场的位置、特点和运力,主要航空公司的总部位置和主运营基地	10			
知识评价	熟悉我国国内、国际航线的分布特征,以及我国主要的国内、国际航线	10			
	熟悉七大航空区主要的空港城市、机场和航空公司	20			
	熟悉港澳台地区的情况、主要的机场和航空公司	10			
素养评价	能够从宏观层面把握主要空港城市的战略定位,理解机场在区域经济发展和国家航空运输网络中的战略作用,具备对航空运输系统与城市协同发展的战略性认知	10			
	具备敏锐的洞察力与系统认知能力,以及自主学习和终身学习能力	10			
总评	自评 × 30% + 互评 × 30% + 师评 × 40%				
教师评价					
				教师(签名):	

国际航空运输协会与国际主要航线

项目导读

本项目主要介绍国际航空运输协会与国际主要航线的相关知识，具体包括：国际航空运输协会的成立背景、使命、组织机构、会员资格标准和终止情形、主要活动等；国际主要航线的分类，以及各航线的定义和主要航点等。

学习目标

➤ 了解国际航空运输协会的相关知识。
➤ 熟悉国际主要航线。

项目四　国际航空运输协会与国际主要航线

任务一　了解国际航空运输协会

知识目标

- 了解国际航空运输协会的成立背景。
- 了解国际航空运输协会的使命。
- 了解国际航空运输协会的组织机构。
- 了解国际航空运输协会会员的资格标准、终止情形和主动退会流程。
- 了解国际航空运输协会的主要活动。

能力目标

- 能够结合国际航空运输协会的相关知识，分析民航行业的发展趋势、运营管理等。

素质目标

- 树立全球视野与行业责任意识，深刻理解国际航空运输协会在推动民航业安全、高效、可持续发展中的重要作用，培养诚信、协作、创新的职业精神，为未来投身民航事业奠定坚实的思想基础。

任务导入

2024年8月29日，国际航空运输协会向青岛城投集团旗下青岛航空股份有限公司（以下简称"青岛航空"）颁发国际航空运输协会会员证书，标志着青岛航空正式成为国际航空运输协会会员。

国际航空运输协会是由全球航空公司所组成的大型行业协会。青岛航空成为国际航空运输协会会员后，将进一步借助国际航空运输协会的国际化、一体化优势，深度参与全球航空运输业的发展，打造成为面向东北亚的差异化、国际化航空公司，助力青岛市民航事业高质量发展。

下一步，青岛航空将锚定发展目标，匹配城市战略，进一步擦亮青岛空中城市名片，聚力打造城市空中客厅和青岛人民的航空公司。

资料来源：陈虹莹，《青岛航空正式成为国际航空运输协会会员》，

中国民航网，2024年8月29日，有改动

请思考：国际航空运输协会是什么组织？成为国际航空运输协会会员需要具备哪些条件？

一、国际航空运输协会的成立

国际航空运输协会（简称"国际航协"，英文简写为 IATA）是由世界各国的航空公司自愿联合组成的非政府性、非营利性国际组织。

国际航协的前身是 1919 年在荷兰海牙成立的国际航空业务协会（该协会在第二次世界大战期间解体）。1944 年 12 月，部分政府代表、顾问，以及空运企业代表在芝加哥国际民航会议期间，商定成立一个委员会并为新组织起草章程。1945 年 4 月，哈瓦那会议修改并通过了草案章程，同年 10 月，新组织正式成立，定名为"国际航空运输协会"，其会徽如图 4-1 所示。国际航协的总部设在加拿大蒙特利尔，执行总部设在瑞士日内瓦。

图 4-1 国际航空运输协会会徽

二、国际航空运输协会的使命

国际航协的使命如下：① 以世界人民的利益为前提，促进安全、正常和经济的航空运输，提高航空服务质量；② 为直接或间接从事国际航空运输工作的空运企业提供合作途径；③ 与国际民航组织及其他国际组织通力合作。

三、国际航空运输协会的组织机构

（一）全体会员大会

全体会员大会是国际航协的最高权力机构，每年召开一次。不过，经执行委员会召集，也可随时召开特别会议。国际航协所有正式会员在决议中都拥有平等的一票表决权；若正式会员无法参加会议，可授权另一位正式会员代表其出席会议并表决。

全体会员大会的决定以多数票通过为基准。在全体会员大会上，审议的问题主要是涉及国际航协本身的重大问题，如选举协会的主席和理事会成员、成立有关的委员会及审议本组织的财政问题等。

（二）理事会

理事会是全体会员大会的代表机构，对外全权代表国际航协，是国际航协的最高管理执行机构。理事会成员必须是正式会员的代表，任期通常为三年，每年改选三分之一。理事会的职责涵盖管理协会的财产、设置分支机构、制定协会政策等。

一般情况下，理事会应在全体会员大会之前召开，召开时间由理事会决定。理事会的理事长是协会的最高行政和执行官员,在理事会的监督和授权下行使职责并对理事会负责。理事会下设秘书长、行业咨询委员会和内部办事机构,以此维持协会的日常工作。

(三)行业咨询委员会

国际航协设有九个行业咨询委员会,分别为行业事务、金融分销、行业财务、货运、数字转型、法务、安全飞行及地面运行、安保、可持续性及环境委员会。各委员会由会员航空公司相关领域的专家或部门领导等人员组成,并报理事会和全体会员大会批准。这些委员会的成员数量并非固定不变,会根据实际情况调整。例如,运输(包含货运等方面)、财务、技术、法律等不同领域的委员会,会因工作内容和行业发展需求,在不同时期吸纳不同数量的专业人员参与。

(四)地区办事处

国际航协在全球设有五个地区办事处,分别为北亚地区办事处(总部在北京)、亚太地区办事处(总部在新加坡)、非洲和中东地区办事处(总部在安曼)、欧洲地区办事处(总部在马德里)、美洲地区办事处(总部在迈阿密)。此外,国际航协还在全球设有50多个办事处,这些办事处分别接受相应的地区办事处领导。

四、国际航空运输协会的会员

国际航协的会员资格面向运营定期和非定期航空服务且持有国际航空运输协会运营安全审计(IOSA)注册的航空公司。

(一)会员资格标准

航空公司必须满足以下标准,方可具备申请及维持国际航协会员资格的权利:
(1)运营航空服务。
(2)持有有效的 IOSA 注册资质或不时更新的等效资质。
(3)根据年度全体会员大会决议缴纳年度会员费。

(二)会员终止情形

国际航协可终止出现以下情形的会员的会籍:
(1)已丧失运营许可。
(2)已停止符合会员资格的业务(暂时性中断除外)。
(3)不再持有有效的 IOSA 注册资质或等效资质。
(4)拖欠会员费达 6 个月或以上。
(5)被宣告破产、进入破产程序或非重组性清算。

（6）违反国际航协章程、规则或条例。

（7）实施损害国际航协使命的行为。

（三）主动退会流程

会员如要退会，须至少提前30日向国际航协提交书面退会通知。

五、国际航空运输协会的主要活动

（一）同业活动

国际航协代表会员开展对外沟通，促进行业内的交流，提供可替代燃料分析、环境评估报告等，与国际组织和国家当局协调，以维护会员的合法权益。

（二）协调活动

国际航协为各会员协调国际航空运价，负责计费和结算流程、规范航空公司资金结算；开展货运代理资格认证及代理商销售机票的资质审核；制定行业标准及安全程序等。

（三）行业服务活动

行业服务活动主要包括编辑出版刊物、提供财务金融服务、开展市场调研、组织会议及培训等。

国际航协通过上述活动，统一国际航空运输规则和承运条件，规范业务代理及空运企业间的财务结算，协调运价和班期时刻，促进技术合作，参与机场运营相关事务，开展人员培训，等等。

> **翼展风采**
>
> #### 国际航协2025年全球法律大会在沪召开
>
> 2025年2月19日，国际航协2025年全球法律大会在上海召开。本次大会吸引来自世界各地的330余名国际航空法律专家参会，共同探讨新兴力量推动航空业发展的法律影响。
>
> 民航局副局长梁楠表示，中国民航运输规模连续19年位居全球第二，对全球航空运输增长的贡献率超过20%。作为《国际民用航空公约》最早的签署国之一和国际民航组织一类理事国，中国始终积极参与国际民航法律规则制定、修订，加入和批准了多项国际民航公约。中国民航将持续加强国际合作，推动法律规则协调，促进航空法律人才培养交流，进一步助力构建完善的国际航空法律体系。

项目四 国际航空运输协会与国际主要航线

本次大会以不同视角围绕《国际民用航空公约》进行探讨，聚焦数据保护和隐私、网络安全，AI（人工智能）应用、法规与治理，ADR（替代性纠纷解决机制）在航空业的应用，各国消费者保护法规的协调与执行等多项议题。

据了解，国际航协全球法律大会致力于推动行业前沿思想碰撞、航空法律创新与发展。本次大会是自 2012 年以来，国际航协全球法律大会第二次在中国大陆地区举办。

资料来源：张彤，《国际航协 2025 年全球法律大会在沪召开》，中国民航网，2025 年 2 月 19 日，有改动

 任务实施

以小组为单位，根据所学知识，上网查询相关资料，梳理我国已成为国际航协会员的主要航空公司名单，并分析这些航空公司的核心竞争优势，以及成为国际航协会员的意义。

我国已成为国际航协会员的主要航空公司

 任务评价

请同学们根据表 4-1 对自己上述任务的实施情况进行评分，并请任课教师评分。

表 4-1　任务实施评价表

考核内容		分值	自评分	师评分
知识	了解国际航协会员的资格标准	15		
	了解国际航协的使命和活动	15		
能力	能够较为全面地列出我国国际航协会员的名单	15		
	能够系统、全面地分析我国成为国际航协会员的航空公司的核心竞争优势	20		
	能够准确分析成为国际航协会员的意义	15		
素质	具备良好的知识整合能力和综合分析能力	10		
	具备较好的资料查找和整理能力	10		
合计		100		
总分（自评分×40%＋师评分×60%）				

航空运输地理

任务二　熟悉国际主要航线

知识目标

➢ 熟悉国际主要航线的分类，各航线的定义和主要航点。

能力目标

➢ 精准掌握国际主要航线的地理位置、途经区域特征，理解各航线网络的布局逻辑。

素质目标

➢ 培养全球视野与市场洞察力，能够结合行业动态，提出航线优化与开拓的创新策略。

任务导入

张女士是一位旅游爱好者，她一直梦想着走遍世界。正值秋高气爽，张女士计划从北京出发，先去东南亚的泰国看碧海蓝天；再飞到非洲的南端，欣赏海天一色；然后前往欧洲，体验浪漫的欧洲风情。

请思考：张女士想去的国家或地区在哪些国际航线上？

一、西半球航线

西半球航线是指航程中所有的航点均位于西半球的航线，主要连接北美洲与南美洲，涵盖美洲大陆内部及加勒比海地区。

西半球航线在北美洲的航点主要有迈阿密、达拉斯、洛杉矶、纽约、墨西哥城，在中美洲主要有圣何塞、太子港等，在南美洲主要有波哥大、巴西利亚、里约热内卢、圣保罗、圣地亚哥、布宜诺斯艾利斯等。西半球航线以美洲大陆内部中短途航线为主；部分跨洋航线常与太平洋航线和大西洋航线相连，成为这些航线的续程航段。

西半球航线主要包括：① YVR（温哥华）—MIA（迈阿密）；② LAX（洛杉矶）—RIO（里约热内卢）；③ NYC（纽约）—MEX（墨西哥城）—BUE（布宜诺斯艾利斯）；④ BSB（巴西利亚）—SCL（圣地亚哥）。

二、东半球航线

东半球航线是指航程中所有的航点都位于东半球的航线。东半球航线主要包括：① LON（伦敦）—CPT（开普敦）；② BKK（曼谷）—DXB（迪拜）—LON（伦敦）；③ SYD（悉尼）—BKK（曼谷）。

三、北大西洋航线

北大西洋航线是指连接欧洲与北美洲的航线。北大西洋航线在欧洲的航点主要有伦敦、巴黎、法兰克福、里斯本等，在北美洲主要有纽约、华盛顿、芝加哥等。

北大西洋航线主要包括：① LON（伦敦）—NYC（纽约）；② PAR（巴黎）—WAS（华盛顿）。

四、南大西洋航线

南大西洋航线是指航程经过南部大西洋的航线，具体是指航线在南大西洋地区和东南亚之间，经过大西洋、中非、南非、印度洋岛屿，或不经过上述地区而直飞的航线。

南大西洋航线主要包括：① SEL（首尔）—HRE（哈拉雷）—SCL（圣地亚哥）；② SIN（新加坡）—CPT（开普敦）—RIO（里约热内卢）。

五、北太平洋航线

北太平洋航线是指连接北美洲和亚洲的重要航线。北太平洋航线的一端通常为亚洲的东京、首尔、北京、上海、广州、香港和新加坡等城市，另一端通常为北美洲的温哥华、洛杉矶、旧金山、芝加哥和西雅图等城市。例如，我国旅客选择南航、国航、东航的航班去北美洲国家，一般是从北京、上海或广州出发，直飞洛杉矶、纽约、旧金山和温哥华。

北太平洋航线主要包括：① LON（伦敦）—BKK（曼谷）—TYO（东京）—SEA（西雅图）；② BJS（北京）—SFO（旧金山）。

> **翼展风采**
>
> ### 国航北京往返多伦多客运直飞航线正式启航
>
> 中国国际航空股份有限公司（以下简称"国航"）新开的我国首都北京往返加拿大最大城市多伦多的客运直飞航线于 2025 年 5 月 20 日正式启航。

国航北京—多伦多航线由波音 777-300ER 型客机执飞，航班号为 CA993/994，运行频次为每周两班。其中，北京首都国际机场直飞多伦多皮尔逊国际机场的 CA993 航班每周二、六（以下均为当地时间）12:30 起飞，13:10 到达，全程约 12 h 40 min；多伦多直飞北京的 CA994 航班每周二、六 16:15 起飞，次日 18:10 到达，全程约 13 h 55 min。

这也是国航北京—多伦多航线在时隔 30 余年后重启。有航空资料显示，国航曾在 20 世纪 80 年代末至 90 年代初执飞北京—上海—温哥华—多伦多航线。

国航方面表示，此次复航是其全球航线网络拓展的又一里程碑。目前，国航在北美地区已开通洛杉矶、纽约、旧金山、华盛顿、温哥华五大航点，北京—多伦多航线恢复后，将与现有的温哥华—北京航线形成联动，进一步巩固加拿大在国航全球航线网络中的重要地位。该航线也将进一步推动两国民众往来及双边各领域交流。

中国驻多伦多总领事罗伟东表示，国航北京—多伦多航线的恢复，标志着中加两国人员往来更加便捷、高效。自己很高兴地看到，随着中加人员往来的恢复，两国民众之间的相互理解也在不断增强。中方愿与各方一道，继续推动两国开通更多直航航班，为中加两国人员往来与互利合作提供更加便捷的空中服务。

国航北美地区总部总经理彭雷表示，国航期待在既有合作基础上，未来继续扩大运力、提升服务，与各界携手共创更紧密、高效的跨太平洋航空网络。

资料来源：刘湃，《国航北京往返多伦多客运直飞航线正式启航》，
中国新闻网，2025 年 5 月 21 日，有改动

六、南太平洋航线

南太平洋航线是指连接南美洲、西南太平洋地区的航线，航线经过北美洲但不经过北部和中部太平洋。南太平洋航线的一端通常为悉尼、墨尔本、奥克兰和堪培拉等城市，另一端通常为布宜诺斯艾利斯、里约热内卢和圣地亚哥等城市。

南太平洋航线主要包括：① MEL（墨尔本）—LAX（洛杉矶）—BUE（布宜诺斯艾利斯）；② SCL（圣地亚哥）—MEX（墨西哥城）—SYD（悉尼）；③ AKL（奥克兰）—MIA（迈阿密）—RIO（里约热内卢）。

七、俄罗斯航线

俄罗斯航线是指连接俄罗斯欧洲部分和 IATA 三区（北起北冰洋、南至南极洲，详见项目五任务三）的航线，包含一段俄罗斯欧洲部分与东亚次区（详见项目五任务三）之间的不经停航线。

俄罗斯航线主要包括：① LED（圣彼得堡）—SEL（首尔）；② HKG（香港）—TYO（东京）—MOW（莫斯科）。

八、西伯利亚航线

西伯利亚航线是指连接 IATA 二区（北起北冰洋诸岛、南至南极洲，详见项目五任务二）和三区的航线，包含一段欧洲次区（详见项目五任务二）与东亚次区之间的不经停航线。

西伯利亚航线主要包括：① TYO（东京）—LON（伦敦）；② CAI（开罗）—PAR（巴黎）—SEL（首尔）。

九、亚欧航线

亚欧航线是指横穿亚欧大陆、连接亚欧大陆东西两岸的重要航线，又称西欧—中东—远东航线。亚欧航线对东亚、南亚、中东和欧洲各国之间的政治、经济联系具有重要作用。

亚欧航线主要包括：① MOW（莫斯科）—SIN（新加坡）；② SEL（首尔）—BKK（曼谷）—IEV（基辅）。

十、极地航线

极地航线主要指北极航线（南极航线目前尚无商业运营），是指穿越北极上空的重要航线，主要用于连接北美洲和欧洲、亚洲的城市。

北极航线飞行条件比较复杂，需要考虑多方面因素，如航线和备降机场的选定、备降救援计划、防止燃油结冰的措施、燃油温度监控、机务人员的培训等。

北极航线穿越北极地区，显著缩短了北美洲城市与亚洲城市之间的飞行距离。例如，纽约—香港传统航线的航程约 14 000 km，而新航线航程缩短了 563 km（受风速影响可能会略有变化）。

极地航线主要包括：① TYO（东京）—ANC（安克雷奇）—LON（伦敦）；② TYO（东京）—ANC（安克雷奇）—STO（斯德哥尔摩）；③ PEK（北京）—NYC（纽约）。

任务实施

请说出下列航线分别属于哪一段国际航线：
（1）LED（圣彼得堡）—SEL（首尔）。

（2）HKG（香港）—TYO（东京）—MOW（莫斯科）。

（3）BJS（北京）—SFO（旧金山）。

（4）LON（伦敦）—BKK（曼谷）—TYO（东京）—SEA（西雅图）。

（5）LON（伦敦）—CPT（开普敦）。

下列航线是哪一国际航线？

任务评价

请同学们根据表4-2对自己上述任务的实施情况进行评分，并请任课教师评分。

表4-2 任务实施评价表

考核内容		分值	自评分	师评分
知识	熟悉世界主要城市的全称和三字代码	25		
	熟悉国际主要航线的航点	25		
能力	精准掌握国际主要航线的地理位置、途经区域特征，理解各航线的网络布局逻辑	25		
素质	具备良好的逻辑分析能力与判断能力	25		
合计		100		
总分（自评分×40%＋师评分×60%）				

项目学习效果综合测试

一、填空题

1．国际航协的英文简写为_____。

2．_____是国际航协的最高权力机构。

3．国际航协在全球设有五个地区办事处，分别为_____、_____、_____、_____、_____。

4．西半球航线主要连接_____和_____。

5．_____航线的一端通常为亚洲的东京、首尔、北京、上海、广州、香港和新加坡等城市，另一端通常为北美洲的温哥华、洛杉矶、旧金山、芝加哥和西雅图等城市。

二、单项选择题

1.（　　）是全体会员大会的代表机构，对外全权代表国际航协，是国际航协的最高管理执行机构。

　　A．全体会员大会　　　　　　　B．理事会
　　C．行业咨询委员会　　　　　　D．地区办事处

2．国际航协可终止会员会籍的情形不包括（　　）。

　　A．已丧失运营许可
　　B．暂时性中断符合会员资格的业务
　　C．不再持有有效的IOSA注册资质或等效资质
　　D．拖欠会员费达6个月或以上

3．在南大西洋地区和东南亚之间，经过大西洋、中非、南非、印度洋岛屿，或不经过上述地区而直飞的航线是（　　）。

　　A．亚欧航线　　　　　　　　　B．东半球航线
　　C．北大西洋航线　　　　　　　D．南大西洋航线

4．下列不属于西半球航线的是（　　）。

　　A．LON—CPT　　　　　　　　B．YVR—MIA
　　C．LAX—RIO　　　　　　　　D．BSB—SCL

5．（　　）又称西欧—中东—远东航线。

　　A．西半球航线　　　　　　　　B．北大西洋航线
　　C．亚欧航线　　　　　　　　　D．西伯利亚航线

三、简答题

1．国际航协的使命是什么？
2．简述国际航协的主要活动。
3．国际主要航线有哪些？
4．西半球航线的航点主要有哪些？

项目学习成果评价

请同学们结合课上学习情况、任务实施和项目学习效果综合测试的完成情况,按照表 4-3 的评价标准自评和互评,并请任课教师给予总体评价。

表 4-3　项目学习成果评价表

考核内容	评价标准	分值	评价得分		
			自评	互评	师评
能力评价	能够结合国际航空运输协会的相关知识,分析民航行业的发展趋势、运营管理等问题	15			
	精准掌握各国际主要航线的地理位置、途经区域特征,理解各航线网络布局逻辑	15			
知识评价	了解国际航空运输协会的成立背景、使命、组织机构和主要活动	10			
	了解国际航空运输协会会员的资格标准、终止情形和主动退会流程	10			
	熟悉国际主要航线的分类	15			
	熟悉各航线的定义和主要航点	15			
素养评价	具备全球视野与行业责任意识,能够深刻理解国际航空运输协会在推动民航业安全、高效、可持续发展中的重要作用,具有诚信、协作、创新的职业精神	10			
	具备市场洞察力,能够结合行业动态,提出航线优化与开拓的创新策略	10			
总评	自评 × 30% + 互评 × 30% + 师评 × 40%				
教师评价	教师(签名):				

项目五

世界航空运输区划

项目导读

在综合考虑世界各国及地区的社会经济发展水平、贸易格局等因素后，国际航协将全球划分为三大航空运输业务区域，简称"IATA 区域"。为优化业务操作与运价计算体系，国际航协在三大主区基础上进一步划分出若干次区。本项目聚焦于解析 IATA 三大区域的地理范围、下辖次区构成，以及各区域内主要国家的概况。

为什么要进行 IATA 区域划分？

学习目标

➢ 熟悉 IATA 各区的范围。
➢ 熟悉 IATA 各区的次区。
➢ 熟悉 IATA 各区主要国家的概况。

航空运输地理

任务一 熟悉 IATA 一区的概况

知识目标

- 熟悉 IATA 一区的范围。
- 熟悉 IATA 一区的次区。
- 熟悉 IATA 一区主要国家的概况。

能力目标

- 能够运用专业知识深入剖析 IATA 一区地理范围、次区划分逻辑及主要国家的航空特性，精准识别区域航空市场差异，为航线规划、市场策略制定等提供依据。

素质目标

- 构建全球航空运输知识框架，培养从区域特征分析航空市场需求、航线布局规律的专业思维。

任务导入

2024 年 11 月 10 日北京时间 14:30，海南航空 HU7975（北京—多伦多）直飞航班从北京首都国际机场顺利起飞，标志着海南航空北京—多伦多国际航线正式启航。

海南航空北京—多伦多往返国际航线计划每周执行一个往返航班，班期为每周日。去程航班于北京时间 14:20 从北京首都国际机场起飞，当地时间 14:10 抵达多伦多皮尔逊国际机场，飞行时长约 12 h 50 min；返程航班于当地时间 16:10 从多伦多皮尔逊国际机场起飞，次日北京时间 19:25 到达北京首都国际机场，飞行时长约 14 h 15 min。

资料来源：孙文瑾，《11 月 10 日 海南航空北京—多伦多国际航线盛大启航》，
中国民航网，2024 年 11 月 10 日，有改动

请思考：多伦多属于哪个国家？该国家在 IATA 区域中属于几区？具体为该区的哪个次区？

一、IATA 一区的范围

IATA 一区由南、北美洲大陆及其邻近的岛屿组成，这些岛屿包括格陵兰岛、百慕大

群岛、西印度群岛、加勒比群岛、夏威夷群岛（包括中途岛和巴尔米拉岛）。

二、IATA 一区的次区

IATA 一区的次区可以按照两种方法划分：一种是按照大洲的区域划分，一种是按照大西洋的区域划分。

（一）按大洲的区域划分

1. 北美洲次区

北美洲次区包括加拿大、美国（包括阿拉斯加和夏威夷）、墨西哥、圣皮埃尔、密克隆岛。

2. 中美洲次区

中美洲次区包括伯利兹、哥斯达黎加、萨尔瓦多、危地马拉、洪都拉斯、尼加拉瓜。

3. 南美洲次区

南美洲次区包括阿根廷、玻利维亚、巴西、智利、哥伦比亚、厄瓜多尔、法属圭亚那、圭亚那、巴拿马、巴拉圭、秘鲁、苏里南、乌拉圭、委内瑞拉。

4. 加勒比海次区

加勒比海次区包括巴哈马、百慕大群岛、加勒比海群岛、圭亚那、法属圭亚那、苏里南。

其中，加勒比海群岛包括安圭拉、安提瓜和巴布达、阿鲁巴、巴巴多斯、开曼群岛、古巴、多米尼克、多米尼加共和国、格林纳达、瓜德罗普、海地、牙买加、马提尼克、蒙特塞拉特、荷属安的列斯、圣基茨和尼维斯、圣卢西亚、圣文森特和格林纳丁斯、特立尼达和多巴哥、特克斯和凯科斯群岛、英属维尔京群岛。

> **民航小贴士**
>
> 按照上述划分，南美洲次区和加勒比次区有一部分是重合的。

（二）按大西洋的区域划分

在计算大西洋航线运价时，一般将 IATA 一区划分为以下次区。

1. 北大西洋次区

北大西洋次区包括加拿大、格陵兰岛、墨西哥、圣皮埃尔、密克隆岛、美国（包括阿拉斯加、夏威夷、波多黎各、美属维尔京群岛）。

2. 中大西洋次区

中大西洋次区包括安圭拉、安提瓜和巴布达、阿鲁巴岛、巴哈马、巴巴多斯、伯利兹、百慕大群岛、玻利维亚、开曼群岛、哥伦比亚、哥斯达黎加、古巴、多米尼克、多米尼加共和国、厄瓜多尔、萨尔瓦多、法属圭亚那、格林纳达、瓜德罗普、危地马拉、圭亚那、海地、洪都拉斯、牙买加、马提尼克、蒙特塞拉特、荷属安的列斯群岛、尼加拉瓜、巴拿马、秘鲁、圣基茨和尼维斯、圣卢西亚、圣文森特和格林纳丁斯、苏里南、特立尼达和多巴哥、特克斯和凯科斯群岛、委内瑞拉、英属维尔京群岛。

3. 南大西洋次区

南大西洋次区包括阿根廷、巴西、智利、巴拉圭、乌拉圭。

三、IATA 一区主要国家的概况

（一）加拿大

加拿大位于北美洲北部，东临大西洋，西濒太平洋，西北部邻美国阿拉斯加州，南接美国本土，北靠北冰洋，总面积为 998.5 万平方千米，居世界第二位。加拿大东部气温稍低，南部气候适中，西部气候温和湿润，北部为寒带苔原气候。中西部最高气温达 40℃以上，北部最低气温可低至-60℃。

加拿大主要的城市有多伦多、蒙特利尔、温哥华和渥太华等。

1. 多伦多

多伦多是安大略省的省会，是加拿大第一大城市和经济中心。汽车工业、电子工业、金融业及旅游业等在多伦多的经济中占有重要地位。多伦多属温带大陆性湿润气候，夏天湿热，冬天寒冷。多伦多附近有著名的尼亚加拉大瀑布，每年吸引约 3 000 万旅游者。

多伦多皮尔逊国际机场（ICAO 代码为 CYYZ，IATA 代码为 YYZ，见图 5-1）是多伦多最大的机场，位于多伦多西北约 27 km 处，是加拿大最大的门户机场，也是加拿大航空最重要的枢纽机场。机场总面积为 1 900 万平方米，拥有两座航站楼、五条跑道（长度分别为 3 389 m、3 368 m、2 956 m、2 770 m、2 743 m，宽度均为 60 m）。

图 5-1　多伦多皮尔逊国际机场

2. 蒙特利尔

蒙特利尔位于加拿大东部，是魁北克省最大的城市、加拿大第二大城市。蒙特利尔经济发达，汇集铁路公司、保险公司和国际民航组织等机构的总部，是加拿大航运和工业中心，也是金融中心之一。蒙特利尔属温带大陆性湿润气候，因处于几个气候区的交界处，所以天气变化多样，四季分明。主要旅游景点有蒙特利尔旧城区、圣约瑟大教堂、诺特丹圣母大教堂、皇家山公园等。

蒙特利尔皮埃尔·埃利奥特·特鲁多国际机场（ICAO 代码为 CYUL，IATA 代码为 YUL，简称"蒙特利尔特鲁多国际机场"）是蒙特利尔主要的机场，位于蒙特利尔市西南约 20 km 处。机场拥有三座航站楼、三条跑道（长度分别为 3 353 m、2 926 m、2 134 m，宽度均为 61 m）。

3. 温哥华

温哥华位于不列颠哥伦比亚省南端，是加拿大第三大城市、加拿大西海岸最大的港口城市，也是加拿大西部最大的工商、金融、科技和文化中心。温哥华三面环山，一面傍海，南面受太平洋季风和暖流影响，东北部有纵贯北美大陆的洛基山作屏障，终年气候温和湿润，环境宜人，是加拿大著名的旅游胜地，著名旅游景点有斯坦利公园、狮门大桥、伊丽莎白女王公园等。

温哥华国际机场（ICAO 代码为 CYVR，IATA 代码为 YVR）距温哥华市中心约 15 km，是加拿大第二大机场。机场拥有三座航站楼、四条跑道（长度分别为 3 505 m、3 029 m、2 225 m、1 066 m）。

4. 渥太华

渥太华位于安大略省东南部、渥太华河南岸，多伦多以东约 400 km、蒙特利尔以西约 190 km 处，是加拿大的首都和政治中心、加拿大第四大城市。渥太华属湿润大陆性气候，冬夏空气湿度均较大，7 月份平均气温为 15～26℃，1 月份平均气温为 -16～-6℃。著名旅游景点有国会山、国会大厦、阿提勒利公园、国家美术馆等。

渥太华麦克唐纳-卡蒂埃国际机场（ICAO 代码为 CYOW，IATA 代码为 YOW）是渥太华主要的机场，位于渥太华市中心以南约 10 km 处，是加拿大最繁忙的机场之一。机场拥有一座航站楼、三条跑道（长度分别为 3 048 m、2 438 m、1 006 m）。

（二）美国

美国位于北美洲中部，面积约为 937 万平方千米，北与加拿大接壤，南靠墨西哥湾，西临太平洋，东濒大西洋。此外，其领土还包括北美洲西北部的阿拉斯加和太平洋中部的夏威夷群岛。美国大部分地区属大陆性气候，南部属亚热带气候，中北部温差很大。

美国主要的城市有华盛顿、纽约、洛杉矶、旧金山、西雅图、亚特兰大和芝加哥等。

1. 华盛顿

华盛顿全称为华盛顿哥伦比亚特区，位于美国东岸的中大西洋地区，是美国的首都和政治中心，是大多数美国联邦政府机关与各国驻美国大使馆的所在地，也是世界银行、国际货币基金、美洲国家组织等国际组织总部所在地。华盛顿属副热带湿润气候，四季分明，气温变化相对和缓，全年降水分配均匀。著名旅游景点有美国国会大厦、白宫、华盛顿纪念碑、杰斐逊纪念堂、林肯纪念堂等。

华盛顿有三个主要的机场，分别是华盛顿杜勒斯国际机场、罗纳德·里根华盛顿国家机场和巴尔的摩-华盛顿国际机场。

（1）华盛顿杜勒斯国际机场

华盛顿杜勒斯国际机场（ICAO 代码为 KIAD，IATA 代码为 IAD）位于华盛顿市区以西约 43 km 处，是美国东部地区重要的航空枢纽。机场拥有一座航站楼、四条跑道（其中两条为长度 3 505 m，另外两条长度分别为 3 200 m、2 865 m）。

（2）罗纳德·里根华盛顿国家机场

罗纳德·里根华盛顿国家机场（ICAO 代码为 KDCA，IATA 代码为 DCA）位于华盛顿市区以南约 5 km 处，是距离华盛顿最近的机场。机场拥有两座航站楼、三条跑道（长度分别为 2 185 m、1 586 m 和 1 524 m）。

（3）巴尔的摩-华盛顿国际机场

巴尔的摩-华盛顿国际机场（ICAO 代码为 KBWI，IATA 代码为 BWI）位于华盛顿东北约 48 km 处，为巴尔的摩-华盛顿大都市区的商业机场。机场拥有五个中央大厅、四条跑道（长度分别为 3 201 m、2 896 m、1 829 m、1 524 m）。

2. 纽约

纽约是美国第一大城市，美国最大的金融、商业、贸易、文化和传媒中心，位于纽约州东南部、美国东北部沿海哈德逊河口，濒临大西洋。纽约属温带大陆性湿润气候，冬寒夏凉。著名的旅游景点有帝国大厦、百老汇、布鲁克林大桥、时代广场、布朗克斯动物园等。

纽约有三个主要的机场，分别是肯尼迪国际机场、纽瓦克自由国际机场和拉瓜迪亚机场。

（1）肯尼迪国际机场

肯尼迪国际机场（ICAO 代码为 KJFK，IATA 代码为 JFK，见图 5-2）全称为约翰·菲茨杰拉德·肯尼迪国际机场，位于纽约市曼哈顿下城东南约 20 km 处，是纽约主要的国际机场，也是全世界最大的机场之一。机场拥有六座在运营的航站楼、四条跑道（长度分别长 4 442 m、3 460 m、3 048 m、2 560 m）。

图 5-2　肯尼迪国际机场

（2）纽瓦克自由国际机场

纽瓦克自由国际机场（ICAO 代码为 KEWR，IATA 代码为 EWR）位于新泽西州纽瓦克市与伊丽莎白市境内，位于纽约市曼哈顿东北约 26 km 处，是纽约都会区的三大机场之一。机场拥有三座航站楼、三条跑道（长度分别为 3 353 m、3 048 m、2 073 m）。

（3）拉瓜迪亚机场

拉瓜迪亚机场（ICAO 代码为 KLGA，IATA 代码为 LGA）位于纽约市皇后区，距曼哈顿市中心约 12.9 km，是纽约的三大机场之一。机场拥有四座航站楼、两条跑道（均长 2 134 m、宽 46 m）。

3．洛杉矶

洛杉矶位于加利福尼亚州西南部，是加州第一大城市、美国第二大城市。洛杉矶是美国重要的工商业、国际贸易、科教、文化、娱乐和体育中心之一，也是美国石油化工、海洋、航天工业和电子业的主要基地之一。洛杉矶属温带地中海气候，全年阳光明媚、干燥少雨，气候温和宜人。著名的旅游景点有好莱坞环球影城、迪士尼乐园、圣塔莫尼卡等。

洛杉矶国际机场（ICAO 代码为 KLAX，IATA 代码为 LAX）是洛杉矶主要的机场，位于美国洛杉矶市西南约 26 km 处。机场拥有九座航站楼、四条跑道（长度分别为 3 939 m、3 382 m、3 318 m、2 721 m）。

4．旧金山

旧金山位于加利福尼亚州西海岸圣弗朗西斯科半岛，是加利福尼亚州太平洋沿岸的港口城市，北加州和旧金山湾区重要的经济和文化中心。旧金山属亚热带地中海气候，冬暖夏凉、阳光充足。著名的旅游景点有金门大桥、渔人码头、九曲花街、唐人街、金门公园、旧金山艺术宫、双子峰等。

圣弗朗西斯科国际机场（ICAO 代码为 KSFO，IATA 代码为 SFO，我国常称"旧金山国际机场"）位于旧金山市以南约 22.5 km 处，主要为旧金山及周边城市服务，是加利福尼亚州第二大机场,仅次于洛杉矶国际机场。机场拥有四座航站楼、四条跑道(长度分别为 3 618 m、3 470 m、2 637 m、2 332 m)。

5. 西雅图

西雅图位于华盛顿州西北部的太平洋沿岸,是美国太平洋西北区最大的城市,也是美国重要的旅游及贸易港口城市。西雅图属温带海洋性气候,全年温和湿润。著名的旅游景点有西雅图水族馆、林地公园动物园、太空针塔、派克市场等。

西雅图-塔科马国际机场(ICAO 代码为 KSEA,IATA 代码为 SEA,简称"西塔科机场")位于华盛顿州西塔科市,是美国西北部最繁忙的枢纽机场,距离西雅图市中心约 21 km、塔科马市中心约 29 km。机场拥有一座航站楼、三条跑道(长度分别为 3 627 m、2 873 m、2 591 m)。

翼展风采

海南开通首条飞往美国的客运航线

2024 年 9 月 26 日,HU445 航班从海口美兰国际机场起飞,在重庆经停后飞往美国西雅图,标志着海南自贸港首条飞往美国的客运航线"海口—重庆—西雅图"正式开通。

据悉,该航线由海南航空运营,使用 B787 机型,每周四执飞。HU445 航班于北京时间 7:00 从海口出发,9:10 经停重庆,11:20 从重庆起飞,美国当地时间 9:00 抵达西雅图;HU446 航班于美国当地时间 11:00 从西雅图出发,次日北京时间 16:00 经停重庆,18:30 从重庆起飞,20:45 抵达海口。

目前,海口美兰国际机场运营的航线已覆盖东南亚、东北亚、中东、欧洲、北美洲等区域,境外航线网络通达性不断增强。

资料来源:林凡巽、姜洁,《海南开通首条飞往美国的客运航线》,
人民网,2024 年 9 月 27 日,有改动

6. 亚特兰大

亚特兰大位于美国东南部,是佐治亚州首府,美国东南部陆空交通要地和金融中心。亚特兰大属亚热带季风性湿润气候,四季分明,但四季的差别比其他地方要小,夏季闷热、冬季温和。著名的旅游景点有亚特兰大植物园、佐治亚水族馆、百年奥林匹克公园等。

亚特兰大哈兹菲尔德-杰克逊国际机场(ICAO 代码为 KATL,IATA 代码为 ATL,简称"亚特兰大机场",见图 5-3)是亚特兰大主要的机场,位于亚特兰大市中心以南约 11 km 处,目前是世界上最繁忙的机场,也是美国客运量最大的机场。机场拥有两座航站楼、五条跑道(其中两条长度为 2 743 m,另外三条长度分别为 3 624 m、3048 m、2 744 m)。

图 5-3　亚特兰大哈兹菲尔德-杰克逊国际机场

7. 芝加哥

芝加哥位于美国中西部的伊利诺伊州，是美国第三大城市、美国最大的商业中心区和最大的期货市场之一，也是世界金融中心之一。芝加哥属温带大陆性湿润气候，四季分明，7月最热、1月最冷，夏季多雨、冬季多风。著名的旅游景点有海军码头、林肯公园动物园、格兰特公园等。

奥黑尔国际机场（ICAO 代码为 KORD，IATA 代码为 ORD）位于芝加哥市中心西北约 27 km 处，是美国第四大国际航空枢纽，也是世界上最繁忙的机场之一。机场拥有四座航站楼、八条跑道（其中三条长度为 2 286 m，另外五条长度分别为 3 962 m、3 432 m、3 427 m、3 292 m、2 461 m）。

（三）巴西

巴西位于南美洲东部，北邻法属圭亚那、苏里南、圭亚那、委内瑞拉和哥伦比亚，西界秘鲁、玻利维亚，南接巴拉圭、阿根廷和乌拉圭，东濒大西洋，面积为 851.04 万平方千米。巴西最南端属亚热带气候；北部亚马孙平原属赤道（热带）雨林气候，年平均气温为 27～29℃；中部高原属热带草原气候，分旱、雨两季，年平均气温为 18～28℃；南部地区年平均气温为 16～19℃。

巴西主要的城市有巴西利亚、里约热内卢和圣保罗等。

1. 巴西利亚

巴西利亚是巴西的首都，位于中部戈亚斯州境内马拉尼翁河和维尔德河汇合而成的三角地带上。巴西利亚地处高原，气候温和宜人，年平均气温为 17.7℃。著名的旅游景点有巴西利亚大教堂、三权广场、巴西利亚电视台等。

巴西利亚国际机场（ICAO 代码为 SBBR，IATA 代码为 BSB）全称为巴西利亚-儒塞利诺·库比契克总统国际机场，以巴西总统儒塞利诺·库比契克·奥利维拉命名，是巴西最现代的机场之一。机场拥有一座航站楼、两条跑道（长度分别为 3 300 m、3 200 m）。

2. 里约热内卢

里约热内卢位于巴西东南部沿海地区，东南濒临大西洋，是巴西仅次于圣保罗的第二大城市、巴西乃至南美洲的重要门户，同时也是巴西及南美洲经济最发达的地区之一、巴西第二大工业基地。里约热内卢属热带草原气候，终年高温，一年中有明显的干季与雨季。著名的旅游景点有科帕卡巴纳海滩、面包山、蒂茹卡国家公园等。

里约热内卢国际机场（ICAO 代码为 SBGL，IATA 代码为 GIG）全称为里约热内卢/加利昂-安东尼奥·卡洛斯·若比姆国际机场，是里约热内卢主要的机场，位于里约热内卢市区以北约 20 km 处。机场拥有两座客运候机楼、两条跑道（长度分别为 4 000 m、3 180 m）。

3. 圣保罗

圣保罗位于巴西东南部的圣保罗州，是巴西最大的城市、最大的工业城市，也是南美洲最大、最富裕的城市，是巴西乃至南美洲在工业、金融、商业、文化和交通等领域的中心城市。圣保罗属热带高原性气候，四季常绿，气候宜人。著名的旅游景点有圣保罗独立公园、伊比拉布埃拉公园、拓荒者雕塑、圣保罗艺术博物馆等。

圣保罗/瓜鲁柳斯-安德烈·弗朗哥·蒙托罗州长国际机场（ICAO 代码为 SBGR，IATA 代码为 GRU，见图 5-4）位于圣保罗市中心东北约 22 km 处，目前是巴西和南美洲最大的机场。机场拥有三座航站楼、两条跑道（长度分别为 3 700 m、3 000 m）。

图 5-4　圣保罗/瓜鲁柳斯-安德烈·弗朗哥·蒙托罗州长国际机场

（四）阿根廷

阿根廷位于南美洲东南部，东濒大西洋，南与南极洲隔海相望，西邻智利，北与玻利维亚、巴拉圭交界，东北与乌拉圭、巴西接壤，面积约为278.04万平方千米（不含马尔维纳斯群岛和阿根廷主张的南极领土）。阿根廷北部属热带气候，中部属亚热带气候，南部属温带气候；年平均气温北部为 24 ℃，南部为 5.5 ℃。

布宜诺斯艾利斯是阿根廷最大的城市，也是阿根廷的首都，以及政治、经济、文化和交通中心。布宜诺斯艾利斯四季分明、气候宜人、雨量充沛、土地肥沃。著名的旅游景点有科隆大剧院、五月广场、方尖碑等。

布宜诺斯艾利斯埃塞萨国际机场（ICAO 代码为 SAEZ，IATA 代码为 EZE，又称埃塞萨皮斯塔里尼部长国际机场）位于布宜诺斯艾利斯西南偏南约 22 km 处，是阿根廷最大的国际机场。机场拥有三座航站楼、两条跑道（长度分别为 3 300 m、3 105 m）。

任务实施

教师用多媒体展示 IATA 区域平面图，以小组为单位，找出 IATA 一区的范围、IATA 一区中三个次区的大致范围，并说出三个次区中分别主要有哪些国家和机场。

任务评价

请同学们根据表 5-1 对自己上述任务的实施情况进行评分，并请任课教师评分。

表 5-1　任务实施评价表

考核内容		分值	自评分	师评分
知识	熟悉 IATA 一区的范围	15		
	熟悉 IATA 一区中的次区	20		
	熟悉 IATA 一区主要国家的概况	20		
能力	能够更深层次地理解 IATA 一区地理范围、次区划分逻辑及主要国家的航空特性	25		
素质	具备良好的逻辑分析能力与判断能力	20		
合计		100		
总分（自评分 × 40% + 师评分 × 60%）				

任务二　熟悉 IATA 二区的概况

知识目标

- 熟悉 IATA 二区的范围。
- 熟悉 IATA 二区的次区。
- 熟悉 IATA 二区主要国家的概况。

能力目标

- 能够运用专业知识深入剖析 IATA 二区地理范围、次区划分逻辑及主要国家的航空特性，精准识别区域航空市场差异，为航线规划、市场策略制定等提供依据。

航空运输地理

素质目标

➢ 强化跨文化沟通意识与服务意识，提升将区域知识应用于航空运营、旅客服务等实际场景的职业实践能力。

 任务导入

李霞是个旅游达人，她不仅去过欧洲的法国、英国、德国等国家，还去过非洲的南非、索马里、埃及等国家。近期，她做了一份长线旅游计划，打算从南非出发，一路向北，依次前往博茨瓦纳、赞比亚、安哥拉、刚果（布）、喀麦隆、尼日利亚、尼日尔等国，最后到达利比亚，领略非洲的自然风光和风土人情。

请思考：李霞曾去过的和即将去的国家属于 IATA 的哪个区域？该区域可划分为几个次区？

一、IATA 二区的范围

IATA 二区包括欧洲全部（包括俄罗斯的欧洲部分）及其邻近岛屿（如冰岛、亚速尔群岛）、非洲全部及其邻近岛屿、阿松森岛，以及伊朗及其以西的亚洲部分。

二、IATA 二区的次区

（一）欧洲次区

欧洲次区包括阿尔巴尼亚、阿尔及利亚、安道尔、亚美尼亚、奥地利、阿塞拜疆、白俄罗斯、比利时、波斯尼亚和黑塞哥维那、保加利亚、克罗地亚、塞浦路斯、捷克、丹麦（不包括格陵兰岛）、爱沙尼亚、法罗群岛、芬兰、法国、格鲁吉亚、德国、直布罗陀、希腊、匈牙利、冰岛、爱尔兰、意大利、拉脱维亚、列支敦士登、立陶宛、卢森堡、北马其顿、马耳他、摩纳哥、摩尔多瓦、摩洛哥、荷兰、挪威、波兰、葡萄牙（包括亚速尔群岛和马德拉群岛）、罗马尼亚、俄罗斯（乌拉尔山以西部分）、圣马力诺、斯洛伐克、斯洛文尼亚、西班牙（包括巴利阿里群岛和加那利群岛）、瑞士、瑞典、突尼斯、土耳其、乌克兰、英国、塞尔维亚、黑山。

民航小贴士

IATA 定义的欧洲次区除包括地理上的欧洲外，还包括突尼斯、阿尔及利亚、摩洛哥、加纳利群岛、马德拉群岛，以及塞浦路斯和土耳其的亚洲部分。

（二）非洲次区

非洲次区由除北非和中东部分国家外的非洲部分组成，可分为以下几个小区。

（1）中非：包括马拉维、赞比亚、津巴布韦。

（2）东非：包括布隆迪、吉布提、厄立特里亚、埃塞俄比亚、肯尼亚、卢旺达、索马里、坦桑尼亚、乌干达。

（3）南非：包括博茨瓦纳、莱索托、莫桑比克、纳米比亚、南非（全称为南非共和国）、斯威士兰。

（4）西非：包括安哥拉、贝宁、布基纳法索、喀麦隆、佛得角、中非共和国、乍得、刚果（布）、刚果（金）、科特迪瓦、赤道几内亚、加蓬、冈比亚、加纳、几内亚、几内亚比绍、利比里亚、马里、毛里塔尼亚、尼日尔、尼日利亚、圣多美和普林西比、塞内加尔、塞拉利昂、多哥。

（5）印度洋岛屿：包括科摩罗、马达加斯加、毛里求斯、马约特岛、法属留尼汪岛、塞舌尔。

（6）利比亚：属于非洲次区，但不属于上述任何小区。

（三）中东次区

中东次区包括巴林、埃及、伊朗、伊拉克、以色列、约旦、科威特、黎巴嫩、卡塔尔、沙特阿拉伯、苏丹、阿曼、叙利亚、阿联酋、也门。

> **民航小贴士**
>
> 中东次区与地理上的西亚相近，但不包括巴基斯坦和阿富汗，而包括北非的埃及和苏丹。

三、IATA 二区主要国家的概况

（一）俄罗斯

俄罗斯横跨欧亚大陆，西北邻挪威、芬兰，西邻爱沙尼亚、拉脱维亚、立陶宛、波兰、白俄罗斯，西南邻乌克兰，南邻格鲁吉亚、阿塞拜疆、哈萨克斯坦，东南邻中国、蒙古和朝鲜，东与日本和美国隔海相望，面积为 1 709.82 万平方千米，是世界上面积最大的国家。俄罗斯大部分地区处于北温带，以大陆性气候为主，温差普遍较大，1 月气温为-40~-5℃，7 月为 11~27℃。

俄罗斯主要的城市有莫斯科、圣彼得堡等。

1. 莫斯科

莫斯科地处俄罗斯欧洲部分中部、东欧平原中部，跨莫斯科河及其支流亚乌扎河两岸，是俄罗斯的首都，也是俄罗斯的政治、经济、文化、金融、交通中心。莫斯科属温带大陆性湿润气候，极端气象十分频繁，冬季长而天气阴暗，夏天可能气温陡降、阴雨连绵。著名的旅游景点有红场、克里姆林宫、圣巴索大教堂、麻雀山、特列季亚科夫画廊等。

莫斯科有3个主要的机场，分别是谢列梅捷沃亚历山大·普希金国际机场、多莫杰多沃米哈伊尔·罗蒙诺索夫国际机场和伏努科沃国际机场。

（1）谢列梅捷沃亚历山大·普希金国际机场

谢列梅捷沃亚历山大·普希金国际机场（ICAO代码为UUEE，IATA代码为SVO，见图5-5）位于莫斯科市西北约27 km处，是俄罗斯客运量和货运量最大的国际机场。机场拥有八座航站楼（包括五座定期航站楼和三座公务航空航站楼）、三条跑道（长度分别为3 700 m、3 552.5 m、3 200 m）。

图5-5 谢列梅捷沃亚历山大·普希金国际机场

（2）多莫杰多沃米哈伊尔·罗蒙诺索夫国际机场

多莫杰多沃米哈伊尔·罗蒙诺索夫国际机场（ICAO代码为UUDD，IATA代码为DME）位于莫斯科西南约42 km处，是俄罗斯第二繁忙的机场。机场拥有两座航站楼、两条跑道（长度分别为3 800 m、3 500 m）。

（3）伏努科沃国际机场

伏努科沃国际机场（ICAO代码为UUWW，IATA代码为VKO）距离莫斯科市中心约28 km，是俄罗斯最大的航空运输综合体之一。机场拥有三座航站楼（其中一座专门服务于国家元首和外国政府代表团，一座服务于专用航班和公务机）、两条跑道（长度分别为3 500 m、3 060 m）。

2. 圣彼得堡

圣彼得堡位于俄罗斯西北部、波罗的海芬兰湾东岸，是俄罗斯第二大城市，仅次于莫斯科的全俄经济、商业、科技、文教、交通中心。圣彼得堡属受海洋影响的温和大陆性气候，年平均气温为 5.3℃。著名的旅游景点有涅瓦大街、冬宫、喀山大教堂、伊萨基夫斯基大教堂等。

圣彼得堡普尔科夫机场（ICAO 代码为 ULLI，IATA 代码为 LED）距离圣彼得堡市中心约 23 km，是俄罗斯最大、发展最快的航空运输枢纽之一。机场拥有两座航站楼、两条跑道（长度分别为 3 780 m、3 397 m）。

（二）英国

英国位于欧洲西部，由大不列颠岛（包括英格兰、苏格兰、威尔士）、爱尔兰岛东北部及一些小岛组成，面积为 24.41 万平方千米（包括内陆水域），隔北海、多佛尔海峡、英吉利海峡与欧洲大陆相望。英国属温带海洋性气候，通常最高气温不超过 32℃，最低气温不低于 –10℃。

英国主要的城市有伦敦、曼彻斯特等。

1. 伦敦

伦敦位于英格兰东南部，是英国的首都，也是英国的经济和金融中心，与美国纽约并列为世界上最大的金融中心。伦敦属温带海洋性气候，四季温差小，夏季凉爽、冬季温暖，空气湿润，多雨雾。著名的旅游景点有泰晤士河、伦敦塔桥、威斯敏斯特宫、千禧桥、伦敦眼、圣保罗大教堂、格林尼治天文台等。

伦敦有 6 个主要的机场，分别是伦敦希斯罗国际机场、伦敦盖特威克机场、斯坦斯特德机场、城市机场、卢顿机场和绍森德机场，其中最主要的是伦敦希思罗国际机场和伦敦盖特威克机场。

（1）伦敦希思罗国际机场

伦敦希思罗国际机场（ICAO 代码为 EGLL，IATA 代码为 LHR，见图 5-6）位于英格兰大伦敦希灵登区，距伦敦市中心约 24 km，是全英国乃至全世界最繁忙的机场之一。机场拥有五座航站楼（其中一座已停止运行）、两条跑道（长度分别为 3 902 m、3 658 m）。

图 5-6　伦敦希思罗国际机场

（2）伦敦盖特威克机场

伦敦盖特威克机场（ICAO 代码为 EGKK，IATA 代码为 LGW）位于伦敦以南约 47.5 km 处，是英国第二大机场（仅次于伦敦希思罗国际机场），也是全球最繁忙的单跑道机场（两条跑道距离很近，不能同时使用）。机场拥有两座航站楼、两条跑道（长度分别为 3 316 m、2 565 m）。

2. 曼彻斯特

曼彻斯特位于英格兰西北部，是英国重要的商业、金融、工业、文化、交通中心，也是世界上第一座工业化城市。曼彻斯特属温带海洋性气候，终年温和多雨。著名的旅游景点有老特拉福德球场、凯瑟菲尔德城市遗产公园、唐人街、洛利艺术中心等。

曼彻斯特机场（ICAO 代码为 EGCC，IATA 代码为 MAN）是曼彻斯特主要的机场，位于曼彻斯特西南约 14 km 处，是英国第三大机场。机场拥有三座航站楼、两条跑道（长度分别为 3 050 m、3 048 m）。

（三）法国

法国位于欧洲西部，与比利时、卢森堡、德国、瑞士、意大利、摩纳哥、西班牙、安道尔接壤，西北隔英吉利海峡与英国相望，面积约为 55 万平方千米（不含海外领地）。法国西部属温带海洋性气候，南部属亚热带地中海气候，中部和东部属大陆性气候。1 月气温北部为 1～7℃，南部为 6～8℃；7 月气温北部为 16～18℃，南部为 21～24℃。

法国主要的城市有巴黎、马赛、里昂等。

1. 巴黎

巴黎位于法国北部巴黎盆地的中央，横跨塞纳河两岸，是法国的首都，也是法国的政治、经济、文化、商业中心。巴黎属温和的海洋性气候，夏无酷暑，冬无严寒。著名的旅游景点有卢浮宫、巴黎圣母院、埃菲尔铁塔、凡尔赛宫、凯旋门、塞纳河等。

巴黎有两个主要的机场，分别是巴黎夏尔·戴高乐机场和巴黎奥利机场。

（1）巴黎夏尔·戴高乐机场

巴黎夏尔·戴高乐机场（ICAO 代码为 LFPG，IATA 代码为 CDG，见图 5-7）位于巴黎东北约 25 km 处，是法国最大、最主要的国际机场，也是欧洲乃至全世界主要的航空枢纽之一。机场拥有三座航站楼、四条跑道（其中两条长度为 2 700 m，另外两条长度分别为 4 215 m、4 200 m）。

（2）巴黎奥利机场

巴黎奥利机场（ICAO 代码为 LFPO，IATA 代码为 ORY）位于巴黎以南约 13 km 处，是法国第二繁忙的机场。机场拥有三座航站楼、三条跑道（长度分别为 3 650 m、3 320 m、2 400 m）。

图 5-7 巴黎夏尔·戴高乐机场

2. 马赛

马赛位于法国南部地中海利翁湾东岸，是法国第二大城市，也是法国南部的行政、经济、文化和交通中心。马赛属地中海气候，气候宜人。著名的旅游景点有伊夫岛、贾尔德圣母院、马赛美术馆、马赛旧港等。

马赛普罗旺斯机场（ICAO 代码为 LMFL，IATA 代码为 MRS）是马赛主要的机场，位于马赛西北约 27 km 处，是法国客运量第五繁忙的机场。机场拥有两座航站楼、两条跑道（长度分别为 3 500 m、2 370 m）。

翼展风采

"上海—马赛"航线开通，中国至南法首度实现直航

2024 年 7 月 2 日凌晨，搭载 242 名旅客的中国东方航空旗下上海航空 FM871 "上海—马赛"航班，从上海浦东国际机场首航飞往马赛普罗旺斯机场，标志着中国与法国南部之间第一次开通定期直飞客运航线。

据悉，此次新开通的"上海—马赛"航线航班号为 FM871/FM872，每周执行 3 班往返航班，逢周二、周五、周日执行，航程约 12 h。去程航班计划凌晨 00:15 从上海起飞，当地时间 7:00 抵达马赛；回程航班于当地时间 10:55 从马赛起飞，次日北京时间 5:00 抵达上海。该航线选用搭载新一代客舱服务系统的上海航空波音 787 "梦想"客机执飞，旅客不仅能体验"包厢式公务舱""空中会客厅"等诸多现代化客舱设施，还能依托东航领跑国内民航业的机上 Wi-Fi，享受"全程在线"的高速空中上网服务。

马赛与上海于 1987 年结为姐妹城市。此前，旅客从国内前往马赛，必须在第三地进行中转，而"上海—马赛"航线的开通，填补了直航服务的空白，为两座名城之间首度搭建起直飞的空中通衢，将进一步加强两国和两城之间在旅游、经济、文化等多领域的交流发展，更加巩固上海和马赛的友城关系。

作为上海最大的主基地航空公司，东航积极打造"航空运输超级承运人"，加快完善上海国际航空枢纽功能布局，不断开拓国际航线网络。当前，东航也正持续强化上海的航空中转枢纽功能，并在"大交通换乘""多式联运"方面发力。2024年4月，东航为出境旅客量身定制推出"空巴联运"产品，旅客可乘坐巴士"虚拟航班"直达上海浦东国际机场，以优惠价格衔接后续的国际及地区航班。计划去法国马赛的旅客可乘坐高铁抵达上海虹桥站后，出站立即办理值机手续、托运行李，实现"解放双手游上海"，晚上再前往上海浦东国际机场直接登机。

资料来源：张彤，《"上海—马赛"航线开通 中国至南法首度实现直航》，中国民航网，2024年7月2日，有改动

（四）德国

德国位于欧洲中部，东邻波兰、捷克，南接奥地利、瑞士，西接荷兰、比利时、卢森堡、法国，北接丹麦，濒临北海和波罗的海，面积约为35.8万平方千米。德国处于北温带，西北部海洋性气候较明显，往东、往南逐渐向大陆性气候过渡；1月气温为-5～1℃，7月为14～19℃。

德国主要的城市有柏林、法兰克福等。

1. 柏林

柏林位于德国东北部，是德国的首都和最大的城市，也是德国的政治、文化、经济和交通中心。柏林属温带海洋性气候和温带大陆性气候之间的过渡型，夏季凉爽，冬季寒冷。著名的旅游景点有博物馆岛、勃兰登堡门、国会大厦等。

柏林勃兰登堡机场（ICAO代码为EDDB，IATA代码为BER）是柏林主要的机场，位于柏林市中心东南约18 km处，是服务柏林和周边勃兰登堡州的唯一商业机场、德国第三繁忙的机场。机场拥有两座航站楼、两条跑道（长度分别为4 000 m、3 600 m）。

2. 法兰克福

法兰克福位于德国中部的黑森州境内，处于莱茵河中部支流美因河的下游，是德国最重要的金融中心和交通枢纽。法兰克福春秋季比较潮湿，夏季炎热，冬季寒冷。著名的旅游景点有歌德故居、老歌剧院、古代雕塑品博物馆等。

法兰克福机场（ICAO代码为EDDF，IATA代码为FRA，见图5-8）位于法兰克福以南约12 km处，是德国最大的机场，也是欧洲最重要的客运航空枢纽。机场拥有两座航站楼、四条跑道（其中三条长度为4 000 m，另外一条长度为2 800 m）。

图 5-8　法兰克福机场

（五）荷兰

荷兰位于欧洲西北部，东邻德国，南接比利时，西、北濒北海，面积为 41 528 km²。荷兰属温带海洋性气候。沿海地区夏季平均气温为 16℃，冬季为 3℃；内陆地区夏季平均气温为 17℃，冬季为 2℃。荷兰的首都设在阿姆斯特丹，政府所在地为海牙，其他主要的城市还有鹿特丹等。

阿姆斯特丹史基浦机场（ICAO 代码为 EHAM，IATA 代码为 AMS）是荷兰最主要的机场，位于阿姆斯特丹西南约 15 km 处。机场拥有两座航站楼（其中一座为通航航站楼）、六条跑道（长度分别为 3 800 m、3 500 m、3 453 m、3 400 m、3 300 m、2 014 m）。

（六）瑞典

瑞典位于北欧斯堪的纳维亚半岛东半部，西邻挪威，东北接芬兰，东临波罗的海，西南濒北海，同丹麦隔海相望，面积约为 45 万平方千米。瑞典大部分地区属温带针叶林气候，最南部属温带阔叶林气候。受北大西洋暖流影响，1 月平均气温北部为 -15℃，南部为 1～2℃；7 月平均气温北部为 8℃，南部为 18℃。瑞典的首都斯德哥尔摩是瑞典的政治、文化、经济和交通中心。

斯德哥尔摩阿兰达国际机场（ICAO 代码为 ESSA，IATA 代码为 ARN）是斯德哥尔摩主要的国际机场，也是瑞典最大的机场，位于斯德哥尔摩以北约 37 km 处。机场拥有四座航站楼、三条跑道（其中两条长度为 2 500 m，另一条长度为 3 300 m）。

（七）芬兰

芬兰位于欧洲北部，与瑞典、挪威、俄罗斯接壤，南临芬兰湾，西濒波的尼亚湾，面积约为 33.8 万平方千米。芬兰属温带海洋性气候，冬季平均气温为 -14～3℃，夏季为 13～17℃。芬兰的首都赫尔辛基是芬兰的政治、文化、金融和经济中心，也是芬兰最大的工业中心。

赫尔辛基-万塔机场（ICAO 代码为 EFHK，IATA 代码为 HEL）是赫尔辛基及其周边地区主要的国际机场，也是芬兰最繁忙的机场，位于赫尔辛基以北约 17 km 处。机场拥有一座航站楼、三条跑道（长度分别为 3 500 m、3 060 m、2 901 m）。

（八）南非

南非位于非洲大陆最南端，东濒印度洋，西临大西洋，北邻纳米比亚、博茨瓦纳、津巴布韦、莫桑比克和斯威士兰，另有莱索托为南非领土所包围，面积约为 122 万平方千米。南非大部分地区属热带草原气候，每年 10 月至次年 2 月为夏季，6 月至 8 月为冬季。南非拥有 3 个首都：行政首都（中央政府所在地）为比勒陀利亚，立法首都（议会所在地）为开普敦，司法首都（最高法院所在地）为布隆方丹。

约翰内斯堡是南非第一大城市，开普敦是第二大城市。

1. 约翰内斯堡

约翰内斯堡位于南非东北部瓦尔河上游高地上，是南非最重要的工业中心、最大的黄金和钻石交易场所。约翰内斯堡属亚热带气候，气候凉爽。著名的旅游景点有金矿之城、南非种族隔离博物馆、宪法山等。

奥利弗·雷金纳德·坦博国际机场（ICAO 代码为 FAOR，IATA 代码为 JNB）是约翰内斯堡主要的机场，位于约翰内斯堡以东约 23 km 处，是南非乃至非洲最繁忙的机场。机场拥有两座航站楼、两条跑道（长度分别为 4 418 m、3 400 m）。

2. 开普敦

开普敦面临大西洋桌湾，背靠桌山，是仅次于约翰内斯堡的南非第二大经济中心，也是南非最古老的城市。开普敦属地中海气候，四季分明。著名的旅游景点有好望角自然保护区、桌山、海豹岛等。

开普敦国际机场（ICAO 代码为 FACT，IATA 代码为 CPT）距开普敦市中心约 20 km，是南非第二大机场、非洲第三大繁忙机场。机场拥有两座航站楼、两条跑道（长度分别为 3 201 m、1 701 m）。

任务实施

（1）教师准备若干套 IATA 二区中主要城市的图片。
（2）全班同学分为若干小组，每组 6～8 人。
（3）教师将准备好的图片分发到各个小组。
（4）每组派一名同学手持图片，其他同学说出图片中城市主要的机场及其 IATA 代码。
（5）各小组完成后交换图片，同时组内换另一名同学手持图片，直至各小组将所有图片看完。

机场速配大挑战

任务评价

请同学们根据表 5-2 对自己上述任务的实施情况进行评分,并请任课教师评分。

表 5-2　任务实施评价表

考核内容		分值	自评分	师评分
知识	熟悉 IATA 二区的主要城市	15		
	熟悉 IATA 二区主要城市的主要机场	20		
	熟记 IATA 二区中主要机场的 IATA 代码	20		
能力	能够快速且准确地从图片中提取关键信息,清晰、流畅地表述机场名称和 IATA 代码	25		
素质	具备良好的观察与分析能力	10		
	积极参与小组活动,与小组成员配合默契	10		
合计		100		
总分（自评分 × 40% + 师评分 × 60%）				

任务三　熟悉 IATA 三区的概况

知识目标

➢ 熟悉 IATA 三区的范围。
➢ 熟悉 IATA 三区的次区。
➢ 熟悉 IATA 三区主要国家的概况。

能力目标

➢ 能够运用专业知识深入剖析 IATA 三区地理范围、次区划分逻辑及主要国家的航空特性,精准识别区域航空市场差异,为航线规划、市场策略制定等提供依据。

素质目标

➢ 培养主动跟踪行业动态、更新知识储备的能力,保持对新知识的敏锐感知力和持续学习的热情。

航空运输地理

任务导入

2025年6月12日,以"发展低碳新民航 数智赋能民航新基建"为主题的2025年第十一届中国机场建设年会在大连世博会展中心开幕,吸引200余家民航机构、企业,以及权威专家逾千人参与。

年会主论坛围绕"基于建运一体化的航空基础设施建设规划""以智能建造为核心的工程建设与施工管理"和"航空基础设施建设新理念、新产品、新技术、新工艺"展开研讨,分享前沿理念、探讨技术创新、整合行业资源。论坛还设置中国机场工程建设优秀成果展,来自国内机场规划设计单位、施工建造企业、优秀设备与材料供应商、航空地面专用设备等258家优秀企业代表参加。

此次年会特别聚焦正在建设的大连金州湾国际机场项目,开设3个主题的分论坛,邀请40余位专家,围绕"地基处理施工及变形控制""混凝土耐久性""航站楼规划设计、施工、运营一体化"等项目建设核心技术环节,为工程问诊把脉。项目设计单位参展年会成果展并作主题发言,和与会嘉宾深入交流。同时,组织与会专家实地踏勘大连金州湾国际机场建设现场,对项目进行深度考察和技术指导,为后续技术方案落地提供可行依据。

资料来源:黄凌睿,《第十一届中国机场建设年会在大连举行》,
中国日报网,2025年6月12日,有改动

 请思考:中国在IATA分区中属于哪个区域?该区域还包括哪些国家?

一、IATA 三区的范围

IATA 三区包括亚洲及其附属岛屿(已包括在IATA二区的部分除外)、东印度群岛、澳大利亚、新西兰、太平洋岛屿(已包括在IATA一区的部分除外)。

二、IATA 三区的次区

(一)南亚次大陆次区

南亚次大陆次区包括阿富汗、孟加拉国、不丹、印度、马尔代夫、尼泊尔、巴基斯坦、斯里兰卡。

（二）东南亚次区

东南亚次区包括文莱、柬埔寨、中国、圣诞岛、澳属科科斯（基林）群岛、关岛、印度尼西亚、哈萨克斯坦、吉尔吉斯斯坦、老挝、马来西亚、马绍尔群岛、密克罗尼西亚联邦、蒙古、缅甸、北马里亚纳群岛、帕劳、菲律宾、俄罗斯（乌拉尔山以东）、新加坡、塔吉克斯坦、泰国、土库曼斯坦、乌兹别克斯坦、越南。

（三）西南太平洋次区

西南太平洋次区包括美属萨摩亚、澳大利亚、库克群岛、斐济、法属波利尼西亚、基里巴斯、瑙鲁、新喀里多尼亚、新西兰、纽埃、巴布亚新几内亚、萨摩亚、所罗门群岛、汤加、图瓦卢、瓦努阿图、瓦利斯和富图纳群岛。

（四）日本、韩国、朝鲜次区

日本、韩国、朝鲜次区有日本、韩国、朝鲜在内的地区。

三、IATA 三区主要国家的概况

（一）日本

日本位于太平洋西岸，是一个由东北向西南延伸的弧形岛国，西隔东海、黄海、朝鲜海峡、日本海与中国、朝鲜、韩国、俄罗斯相望，面积约为 37.8 万平方千米。日本属温带海洋性季风气候，终年温和湿润，6 月多梅雨，夏秋季多台风。

日本主要的城市包括东京、大阪等。

1. 东京

东京是日本的首都和最大城市，东南濒临东京湾，通连太平洋，是日本的政治、经济、文化中心，海陆空交通枢纽，现代化国际都市和世界著名旅游城市之一。

东京属亚热带季风气候，气候温和，年平均气温多在 10℃ 以上。著名的旅游景点有东京塔、东京巨蛋、东京晴空塔、浅草寺等。

东京有两大主要机场，分别是东京国际机场和成田国际机场。

（1）东京国际机场

东京国际机场（ICAO 代码为 RJTT，IATA 代码为 HND，见图 5-9）又称羽田机场，位于东京大田区东京湾多摩川河口左岸，是日本最大的机场。机场拥有三座航站楼、四条跑道（其中两条长度为 2 500 m，另外两条长度分别为 3 360 m、3 000 m）。

（2）成田国际机场

成田国际机场（ICAO 代码为 RJAA，IATA 代码为 NRT）位于千叶县成田市，距东京市中心约 60 km。机场拥有三座航站楼、两条跑道（长度分别为 4 000 m、2 500 m）。

图 5-9　东京国际机场

2．大阪

大阪位于日本本州岛西南的大阪湾畔，濒临濑户内海，是日本关西地区的工商业中心和交通枢纽。大阪拥有以钢铁、机械制造、金属加工为主的重工业和以纺织、印刷、食品、造纸、化工为主的轻工业。大阪属亚热带海洋性季风气候，四季分明，且常年比较温暖，与我国南部沿海地区相像。著名的旅游景点有天守阁、大阪城、道顿堀、天王寺、海游馆等。

大阪有两大主要机场，分别是关西国际机场和大阪伊丹国际机场。

（1）关西国际机场

关西国际机场（ICAO 代码为 RJBB，IATA 代码为 KIX）距大阪市中心约 38 km，是日本国家中心机场、大阪第一大机场，也是全世界第一座百分之百填海造陆而成的人工岛机场。机场拥有两座航站楼、两条跑道（长度分别为 4 000 m、3 500 m）。

（2）大阪伊丹国际机场

大阪伊丹国际机场（ICAO 代码为 RJOO，IATA 代码为 ITM）通称伊丹机场，位于日本兵库县伊丹市、大阪府丰中市、池田市三者交界地带，距大阪市中心约 11.5 km，是日本国家中心机场、大阪都市圈第二大机场。机场拥有一座航站楼、两条跑道（长度分别为 3 000 m、1 828 m）。

（二）韩国

韩国位于亚洲大陆东北部朝鲜半岛南半部，东、南、西三面环海，面积约为 10.329 万平方千米。韩国属温带季风气候，年均气温为 13～14℃。韩国的首都首尔位于朝鲜半岛中部，是韩国最大的城市，全国政治、经济、文化、教育中心和海陆空交通枢纽。

首尔有两大主要机场，分别是仁川国际机场和金浦国际机场。

（1）仁川国际机场

仁川国际机场（ICAO 代码为 RKSI，IATA 代码为 ICN，见图 5-10）位于仁川永宗岛、首尔以西约 28 km 处，是韩国最大的机场。机场拥有两座航站楼、四条跑道（其中三条长度为 3 750 m，一条长度为 4 000 m）。

（2）金浦国际机场

金浦国际机场（ICAO 代码为 RKSS，IATA 代码为 GMP）距首尔市中心约 17 km，曾经是东北亚地区最繁忙的机场之一。仁川国际机场启用后，金浦国际机场成为以国内航班为主的韩国第二繁忙的机场。机场拥有两座航站楼、两条跑道（长度分别为 3 600 m、3 200 m）。

（三）泰国

泰国位于中南半岛中南部，与柬埔寨、老挝、缅甸、马来西亚接壤，东南临泰国湾（太平洋），西南濒安达曼海（印度洋）。泰国属热带季风气候，全年分为热、雨、凉三季，年平均气温为 27℃。泰国的首都曼谷位于湄南河下游，是全国政治、经济、文化、教育、交通中心，也是东南亚主要的区域经济中心之一。

图 5-10　仁川国际机场

泰国第一大机场和第二大机场均位于曼谷，分别是素万那普国际机场和廊曼国际机场。

（1）素万那普国际机场

素万那普国际机场（ICAO 代码为 VTBS，IATA 代码为 BKK，见图 5-11）又称（新）曼谷国际机场，位于曼谷以东约 25 km 处，是东南亚地区乃至亚洲重要的航空枢纽。机场拥有一座航站楼、两条跑道（长度分别为 4 000 m、3 700 m）。

图 5-11　素万那普国际机场

（2）廊曼国际机场

廊曼国际机场（ICAO 代码为 VTBD，IATA 代码为 DMK）又称旧曼谷国际机场，位于曼谷以北约 25 km 处，距离素万那普国际机场约 46 km，是东南亚主要的国际机场之一，也是泰国亚洲航空的主要枢纽机场。机场拥有两座航站楼、两条跑道（长度分别为 3 700 m、3 500 m）。

（四）印度

印度东北部同中国、尼泊尔、不丹接壤，东部与缅甸为邻，东南部与斯里兰卡隔海相望，西北部与巴基斯坦交界，东临孟加拉湾，西濒阿拉伯海，面积约为 298 万平方千米。印度全境炎热，大部分属热带季风气候，主要特点是全年高温，降水明显分为旱、雨两季。

印度主要的城市有新德里、孟买等。

1. 新德里

新德里位于印度西北部，坐落于恒河支流亚穆纳河西岸，是印度的首都，全国政治、经济和文化中心，也是印度的航空交通中心。新德里为热带季风气候，冬季受东北风影响，夏季受西南风影响。一年分为凉季（10 月至次年 3 月）、热季（4 月至 6 月）和雨季（7 月至 9 月），凉季平均气温约为 14℃，热季约为 38℃。著名的旅游景点有圣雄甘地墓、印度门、红堡、顾特卜塔等。

英迪拉·甘地国际机场（ICAO 代码为 VIDP，IATA 代码为 DEL）是新德里的主要机场，位于新德里西南约 16 km 处，也是印度客运最繁忙的机场。机场拥有三座航站楼、四条跑道（长度分别为 4 430 m、4 400 m、3 813 m、2 816 m）。

2. 孟买

孟买位于马哈拉施特拉邦西海岸外的撒尔塞特岛，是印度最大的海港和重要交通枢纽，素有印度"西部门户"之称。孟买大部分地区属热带季风气候，受季风影响，有明显的湿季和干季。湿季介于 3 月和 10 月之间，湿度很高，气温超过 30℃；干季介于 11 月和 2 月之间，湿度中等，气温温暖或凉爽。著名的旅游景点有象岛石窟、桑贾伊·甘地国家公园等。

贾特拉帕蒂·希瓦吉国际机场（ICAO 代码为 VABB，IATA 代码为 BOM）位于孟买大都会区，是印度客运第二大繁忙的机场。机场拥有两座航站楼、两条跑道（长度分别为 3 445 m、2 925 m）。

（五）新加坡

新加坡位于马来半岛南端、马六甲海峡出入口，北隔柔佛海峡与马来西亚相邻，南隔新加坡海峡与印度尼西亚相望，由新加坡岛及附近 63 个小岛组成，面积约为 735.2 km^2。新加坡属热带海洋性气候，常年高温、潮湿多雨，年平均气温为 24～32℃。著名的旅游景点有滨海湾、圣淘沙岛、新加坡植物园、新加坡夜间动物园等。

新加坡交通发达，是世界重要的转口港及联系亚洲、欧洲、非洲、大洋洲的航空中心。

新加坡樟宜机场（ICAO 代码为 WSSS，IATA 代码为 SIN）距新加坡市中心约 17.2 km，是新加坡最大的机场，也是全球最繁忙的机场之一。机场拥有四座航站楼、三条跑道（其中两条长度为 4 000 m，另一条长度为 3 260 m）。

（六）印度尼西亚

印度尼西亚位于亚洲东南部，由太平洋和印度洋之间的 17 508 个大小岛屿组成，是世界上最大的岛国、最大的群岛国家，面积约为 191.4 万平方千米。印度尼西亚地处热带，全年气候温暖湿润，平均气温为 25～27℃。

雅加达位于爪哇岛的西北海岸、芝里翁河河口，濒临雅加达湾，是印度尼西亚的首都，政治、经济、文化中心和海陆交通枢纽，也是东南亚第一大城市。雅加达属热带雨林气候，年平均气温为 27℃。著名的旅游景点有独立广场、印度尼西亚缩影公园、安佐尔梦幻公园、拉古南动物园等。

苏加诺-哈达国际机场（ICAO 代码为 WIII，IATA 代码为 CGK）位于雅加达以西约 20 km 处，是雅加达的主要机场。机场拥有三座航站楼、两条跑道（长度分别为 3 660 m、3 600 m）。

（七）澳大利亚

澳大利亚位于南太平洋和印度洋之间，由澳大利亚大陆、塔斯马尼亚岛等岛屿和海外领土组成，东濒太平洋的珊瑚海和塔斯曼海，北、西、南三面临印度洋及其边缘海，面积约为 768.82 万平方千米。澳大利亚北部属热带，大部分属温带，北部年平均气温为 27℃，南部为 14℃。

澳大利亚主要的城市有悉尼、墨尔本等。

1. 悉尼

悉尼位于澳大利亚东南沿海，是澳大利亚面积最大的城市，也是澳大利亚的经济、金融、航运和旅游中心。悉尼属副热带湿润气候，常年多雨。著名的旅游景点有悉尼歌剧院、邦迪海滩、悉尼塔、港湾大桥、塔龙加动物园等。

悉尼金斯福德·史密斯机场（ICAO 代码为 YSSY，IATA 代码为 SYD）简称"悉尼机场"，位于悉尼以南约 8 km 处，是澳大利亚最繁忙的机场。机场拥有三座航站楼、三条跑道（长度分别为 3 962 m、2 530 m、2 438 m）。

2. 墨尔本

墨尔本位于澳大利亚东南部，是澳大利亚第二大城市（人口第一），澳大利亚的文化、艺术与工业中心，也是南半球最负盛名的文化名城。墨尔本属温带海洋性气候，常年气候温和，但温差较大，且晴雨无常。著名的旅游景点有大洋路、维多利亚国家美术馆、皇家植物园等。

墨尔本国际机场（ICAO 代码为 YMML，IATA 代码为 MEL）位于墨尔本西北约 23 km 处，是澳大利亚第二繁忙的机场。机场拥有四座航站楼、两条跑道（长度分别为

3 657 m、2 286 m)。

(八)新西兰

新西兰位于太平洋西南部,西隔塔斯曼海与澳大利亚相望,由南岛、北岛及一些小岛组成,南、北两岛被库克海峡分隔,面积约为 27 万平方千米。新西兰属温带海洋性气候,夏季平均气温约为 20℃,冬季约为 10℃。

奥克兰国际机场(ICAO 代码为 NZAA,IATA 代码为 AKL)位于奥克兰以南约 21 km 处,是新西兰最大、最繁忙的机场。机场拥有两座航站楼、两条跑道(长度分别为 3 635 m、3 108 m)。

任务实施

(1)教师准备若干套 IATA 三区中主要机场的 IATA 代码卡片。
(2)全班同学分为若干小组,每组 6~8 人。
(3)教师将准备好的卡片分发到各个小组。
(4)每组派一名同学手持卡片,其他同学根据 IATA 代码说出机场名称及其所在的城市和国家。
(5)各小组完成后交换卡片,同时组内换另一名同学手持卡片,直至各小组将所有卡片看完。

拆包裹学航空:
速记 IATA 三大区

任务评价

请同学们根据表 5-3 对自己上述任务的实施情况进行评分,并请任课教师评分。

表 5-3 任务实施评价表

考核内容		分值	自评分	师评分
知识	熟悉 IATA 三区的主要国家和城市	15		
	熟悉 IATA 三区主要国家和城市的主要机场	20		
	熟记 IATA 三区中主要机场的 IATA 代码	20		
能力	能够快速且准确地根据 IATA 代码说出机场名称,并判断机场所在的城市和国家	25		
素质	具备良好的知识识记与应用能力	10		
	积极参与小组活动,与小组成员配合默契	10		
合计		100		
总分(自评分×40% + 师评分×60%)				

项目学习效果综合测试

一、填空题

1. 按照大洲的区域划分，IATA 一区包括_____、_____、_____、_____四个次区。
2. 加拿大第一大城市是_____，该城市主要的机场是_____。
3. 俄罗斯客运量和货运量最大的国际机场是_____。
4. 英国的首都是_____，该市最繁忙的机场是_____。
5. 日本属于 IATA_____区，其最大的机场是_____。

二、单项选择题

1. 下列城市属于 IATA 三区的是（   ）。
   A．伦敦　　　　　　　　　　B．纽约
   C．里约热内卢　　　　　　　D．釜山
2. 美国华盛顿杜勒斯国际机场的 IATA 代码是（   ）。
   A．KIX　　　B．IAD　　　C．LHR　　　D．ORD
3. 下列属于 IATA 二区次区的是（   ）。
   A．非洲次区　　　　　　　　B．中美洲次区
   C．东南亚次区　　　　　　　D．北大西洋次区
4. 加拿大的首都是（   ）。
   A．温哥华　　B．蒙特利尔　　C．渥太华　　D．多伦多
5. 瑞典最大机场的 IATA 代码为（   ）。
   A．TKU　　　B．HEL　　　C．BMA　　　D．ARN
6. 世界第一座百分之百填海造陆而成的人工岛机场是（   ）。
   A．东京国际机场　　　　　　B．关西国际机场
   C．成田国际机场　　　　　　D．大阪国际机场
7. 俄罗斯位于 IATA 二区中的（   ）次区。
   A．东南亚　　B．中东　　　C．非洲　　　D．欧洲

三、简答题

1. 简述 IATA 一区、二区、三区的范围。
2. 简述 IATA 三区东南亚次区包含的国家或地区。
3. 请根据本项目所学知识完善表 5-4。

航空运输地理

表 5-4 不同 IATA 分区主要国家的概况

国家	美国	加拿大	俄罗斯	日本
所属 IATA 分区				
所处大洲				
首都				
主要的城市				
主要的机场				
气候类型				

项目学习成果评价

请同学们结合课上学习情况、任务实施和项目学习效果综合测试的完成情况，按照表 5-5 的评价标准自评和互评，并请任课教师给予总体评价。

表 5-5 项目学习成果评价表

考核内容	评价标准	分值	评价得分		
			自评	互评	师评
能力评价	能够运用专业知识深入剖析 IATA 各区地理范围、次区划分逻辑及主要国家的航空特性	20			
知识评价	熟悉 IATA 各区的范围	10			
	熟悉 IATA 各区的次区	20			
	熟悉 IATA 各区主要国家的概况	20			
素养评价	具备全球视野，能够从区域特征分析航空市场需求、航线布局规律	10			
	具备跨文化沟通意识与服务意识，能够将区域知识应用于航空运营、旅客服务等实际场景	10			
	能够主动跟踪行业动态、更新知识储备，保持对新知识的敏锐感知力和持续学习的热情	10			
总评	自评 × 30% + 互评 × 30% + 师评 × 40%				
教师评价					
				教师（签名）：	

参考文献

[1] 陈文华. 航空运输地理［M］. 北京：清华大学出版社，2024.

[2] 王娜，张驰. 航空运输地理［M］. 北京：电子工业出版社，2022.

[3] 万青. 航空运输地理［M］. 3版. 北京：中国民航出版社有限公司，2021.

[4] 曲倩倩. 航空运输地理［M］. 北京：人民交通出版社股份有限公司，2024.

[5] 王慧然，康炘蒙，温俊. 航空运输地理［M］. 北京：中国民航出版社有限公司，2024.